감염병과 인문학

감염병과
인문학

정과리 · 이일학 외 지음

강

왜 감염병인가?

이 책은 감염병을 인문학적으로 성찰한 글들의 모음이다. 감염병만이 인문학의 시선에 포착되어야 할 이유는 없을 것이다. 왜 하필이면 그것인가?

감염병이란 여하한 경로를 거쳐 옮겨지는 모든 병을 가리킨다. 유전, 신체 접촉, 공기, 물, 수혈, 음식 등등 어떤 매개를 통해서 특정한 병원체가 옮겨져 병이 확산된다면, 그 병이 감염병이다. 감염병의 관점에서 보면, 병은 무엇보다도 퍼지는 것이다. 동물에서 사람으로, 사람에서 사람들로, 사람에서 동물로. 병은 물, 공기, 피, 고기 등의 열차를 타고, 그에 대한 면역체계를 갖지 못한 다른 생명체에 침투하여 그들을 무너뜨린다. 그러니까 감염병은 커뮤니케이션 체계가 유해한 방향으로 작동하는, 그것도 종종 지나치게 잘 작동하는 현상을 대표하는 예라고 할 수 있다. 따라서 감염병은 질병 중에서 특별히 사회적 관계의 의미를 상기시키는 것이 아닐 수 없다. 다른 한편, 이 커뮤니케이션은 육체에 직접적으로 작용하는 것이기 때문에(물론 정신의 감염 현상 역시 감염병의 성찰 영역에 포함될 수 있다. 그러나 그건 여기에서의 논의와는 별개의 문제이다), 감염의 기능은 불안과 공포, 혐오와 배척 등등 본능적 차원에서의 반응을 일으키기가 일쑤이다. 그런 의미에서 감염병은 인간 정신 현상의 기본적인 성질과 구조, 즉 진화적 특성을 음화한다고 할 수 있다.

요컨대 감염병은 산다는 것의 의미와, 더불어 산다는 것의 의미를 동시에 환기시킨다는 점에서 특별히 인문학적 성찰의 재료가 될 성분을 대폭 함유하고 있는 것이다. 아마도 19세기에 감염병에 관한 사람들의 논의가 단순히 의학적 차원을 넘어서 정치경제적 차원으로까지 확대되어, 의료 정책 및 산업의 장에서 전염(infection, 병을 매개하는 주위 환경의 문제를 우선적으로 고려할 때 쓰였다)과 감염(contagion, 병원체를 우선적으로 고려할 때 쓰는 용어였다)을 둘러싼 보수주의와 진보주의 사이의 격렬한 투쟁을 유발하고, '보수주의자들은 감염병 격리 정책을 강화하고 진보주의자들은 전염병 방역 대책을 강화한다'는 식의 루머까지 세간에 전염시키게 된 것(이에 대해서는 도미니크 르쿠르가 편찬한 『의학적 사유의 사전』의 '감염과 전염' 항목에서 프랑수아 들라포르트 François Delaporte가 일목요연하게 정리하고 있다)은 이러한 감염병의 유별난 성격 때문일 것이다.

「감염병의 예방 및 관리에 관한 법률」(법률 제10789호, 2011. 6. 7, 타법 개정)에 의하면 법정감염병은 무려 열한 종류로 분류되며, 그 총수는 거의 백에 육박한다. 법정감염병의 경계를 넘어간다면 우리는 어쩌면 세상의 모든 병을 '감염'의 관점에서 생각하는 게 적절할지도 모른다. 가령 '세뇌'는 권력에 의해 자행된 특정 대상에 대한 정신 조작이라고 정의할 수 있겠지만, 동시에 권력이 욕망한 대상의 정신적 태도가 권력으로부터 집단 및 개인에게로 유입된 것으로도 이해할 수 있을 것이다. 전자의 관점에서 보면 정치 권력의 범죄가 부각되지만 후자의 관점에서 보면 정신 현상의 전이의 메커니즘이 돋보이게 될 것이며, 따라서 그것은 사회적 관계에서의 일반적인 전이 현상이 농화된 범례로서 탐구될 수도 있을 것이다.

감염병의 성질과 존재가 이러하다는 점을 고려하면, 감염병에 대한 인문학적 성찰은 일찌감치 시작되어야만 했을 것이다. 그러나 의학 분야 종사자들이나 인문학자들이 '질병'의 문제를 인류의 정신적 환경의 문제를 안으로 끌어들인 것은 최근의 일이며 여전히 소수의 고독한 작업들만이 그 길을 여는 중에 있는 게 현실인 터에, 그걸 쪼개어 건진 하나의 단편 현상으로 여겨질 수밖에 없는 문제에 착안한다는 것은 하물며 더 희소한 경우가 될 수밖에 없었을 것이다. 우리의 이 작업 역시 얼마간은 전방위적인 탐침 중 우연히 발견된 영역에 대한 조사로서 시작되었다고 할 수 있는데, 그러나 막상 작업 결과를 모아보니, 우리가 의식하지 못한 채로 감염의 관점에서 포착될 수 있는 병에 대해 아주 다양한 양태로 관찰하고 고민하고 숙고하며 대응해 왔다는 것을 알 수 있었다. 또한 이러한 결과를 감염의 관점에서 주제를 구상하고 제재의 망을 짜는 작업으로 발전시키면 앞에서 말한 것과 같이 감염병의 프리즘을 통해서 인류의 정신적 문제의 이해와 해결이라는 과제에 한 줌의 기여를 보탤 수도 있으리라는 데에 눈길이 트였다. 오늘의 이 성과는 바로 이 새로운 탐구 영역을 개척하기 위해 최초의 삽을 뜨는 것과 같다.

　믿음과 끈기를 가지고 이 일을 지속할 수 있게 된 데에는 무엇보다도 전병률 전 질병관리본부장의 독려와 협력이 큰 힘이 되었다. 또한 이 일의 마당을 처음 열어준 '문학의학학회' 손명세 부회장의 공이 자못 크지 않다고 할 수 없다. 항상 배후에 큰 나무처럼 서 계셔서 우리를 상호신뢰의 실타래로 둥글게 말아주시는 마종기 '문학의학학회' 회장님의 후광은 더 말할 필요가 없을 것이다. 실무를 맡아 궂은일들을 처리해준 김상현 연구교수와 김다혜·주지은 연구원의 도움은 아주 실제적이었다. 엉뚱한 제의를 마다하지 않고 적극적으로 원고를 집필해주신 필자들에게 우리가 진 마음의 빚은 오래 두고 갚아야 할 것이다. 두루 감사드린다.

2014년 5월
정과리

차례

감염병의
철학적
의미

정과리
연세대 국문과 교수

도미니크 르쿠르(Dominique Lecourt)가 주도하여 완성한 방대한 책 『의학적 사유의 사전』*에 의하면 '질병'은 애초에 인간의 잘못에 대한 신의 징벌이라는 초자연적 현상으로 이해되다가 차츰 인간의 몸 속에서 일어난 기질상의 충돌(좋은 기질과 나쁜 기질)이라는 이해로 방향을 틀고는, 이후 18세기 말~19세기에 들어와서야 초자연적 현상이 아닌 지상적 원인들에 의한 것으로 간주되기 시작한다.

　이러한 이해의 이동이 의미하는 바는 충분히 짐작할 만하다. 그것은 전적으로 신에게로 귀속되었던 것을 인간이 얼마간 개입해 바꿀 수 있는 것으로 치환하고 마침내는 완벽하게 인간의 사안으로 돌리는 과정을 차근차근히 나타내고 있다. 그런데 우리의 관심은 그 과정 자체가 아니라, 이렇게 '병의 인간화'라고 할 수 있는 현상과 감염병에

---

* Dominique Lecourt, *Dictionnaire de la pensée médicale*, Paris: P.U.F., 2004.

대한 인식은 밀접한 상관성을 가지고 있다는 것이다.

질병이 신의 사안으로 이해되고 있을 때, 즉 "감염병이 인간이 제거해야 할 도전이 아니라, 인간이 신에게 감행한 도전에 대한 응답"*으로 이해되었을 때, 감염병의 지각은 "집단적 병리 현상으로 환원될 수가 없다."** 인간과 신 사이의 수직적 대응관계만이 존재하기 때문에 인간들 사이의 문제, 즉 집단의 문제는 제기되지 않는 것이다. 그리고 집단적 병리 현상으로 간주되지 않을 때 감염병이 일반적인 질병과 구별되어야 할 필요는 발생하지 않는다. 일반적인 질병은 "병이 났다"는 사실만으로 출발하지만, 감염병은 "병이 났다"는 사실에 "병이 옮겨졌다"는 사실을 보태야만 이해가 시작될 수 있기 때문이다. "병이 옮겨졌다"는 사실을 제대로 파악하려면 그것을 집단적 수준에서 고려해야 하며, 더 나아가 그 집단을 다양하고 이질적인 존재들의 집합으로 이해해야 한다. 정상적인 개인이 어떤 우연한 사건과 경로를 통해서 자신과 다른 어느 비정상적인 개인의 병을 옮겨 가지게 되었다고 할 때, 이것은 고대에서처럼 인간의 잘못과 그에 대한 신의 징벌이라는 방법으로 이해될 수가 없다. 그와는 정반대로 서로 다른 개인들 사이의 상호작용과 그 개인들이 함께 모여 이루는 집단의 성원들 사이의 인간관계와 그 집단을 둘러싸고 있는 정신적이고 물리적인 환경에 대한 조사를 통해서만 이해될 수가 있는 것이다. 이때 그 집단의 개인들은 신에 의해 일괄적으로 규정되는 인간이 아니라, 저마다 독특한 고유한 삶을 가지고 있는 다양하고 이질적인 한 사람으로서 존

* *ibid*, p. 418.
** *ibid*, p. 418.

재하고, 또 존재해야만 한다.

결국, 감염병은 인간이 세계의 중심에 선 시대, 즉 '근대'의 문제이다. 이 사실은 우리에게 몇 가지 고민거리를 안겨준다. 그 고민거리는 크게 보아 두 가지 방향으로 갈린다. 우선 감염병과 인간 사이의 관계의 양식에 관한 문제이다. 그리고 감염병에 대한 인간의 대응 양태에 대한 문제이다. 첫번째 방향에서 제기되는 문제는 다음과 같다.

첫째, 감염병이 인간 시대의 문제라는 진술의 의미이다. 그것이 감염병은 근대에만 나타나는 현상이라는 뜻은 결코 아니다. 옛날에도 무서운 감염병이 있었고 그로 인한 집단적인 죽음의 재앙이 있었던 것이 사실이다. 결정적인 것은 감염병이 인간의 문제가 되는 순간, 질병은 이제 사후적 치료의 대상에서 사전 예방의 대상으로 바뀐다는 것이다. 더 나아가 일상적 관리의 문제가 되는 것이다. 그리고 바로 이로부터 이 일상적 관리를 위한 '공공기관'의 존재 이유가 성립한다는 것이다. 실로 인간이 중심인 시대에서의 "근대적인 정부 형태"는 기본적으로 인류에게 닥칠 수 있는 위험을 예방하고 인류의 행복을 증진시키기 위한 일상적 관리기구의 형식을 띤다. "정부는 (시장) 경제의 '자연적 과정'과 그 또한 자연적 현상으로서 고려된 '인구 관리'를 특정한 자유의 형식들을 통해 촉진하는 걸 자신의 일로 한정한다. 자유주의는 국가의 부를 대상으로 하는 하나의 '지식'을 발전시킨다. 그 지식은 주체라든가 피통치자는 누구인가, 라는 문제에는 더 이상 관심이 없고, 오로지 인구에 관심을 가져 그 인구의 삶을 증진시키는 길을 모색한다."*

---

* Michel Foucault, "Leçon du 5 avril, 1978", *Sécurité, Territoire, Population–Cours au Collège de France(1977~1978)*, Seuil/Gallimard, 2004. 인용문은 푸코의 위 글을 요약하

'질병관리본부'의 존재 이유는 여기에서 비롯된다. 그런데 우리가 주의해야 할 것은, 이렇게 자연적 현상으로서 도출된 일상적 관리기구의 존재 방식은 결코 자연스러울 수(당연할 수) 없다는 것이다. "위험 관리의 책임을 맡고 있는" 주체는 그 책임의 특권화를 통해서 독단의 위험 속에 노출된다. 무엇보다도 그 직능 자체가 '관리 하는 자'와 '관리 받는 자'의 위계적 구분을 현실화함으로써 사회적 지배/피지배 관계의 다양한 양태가 유발될 수 있다. 중요한 것은 '관리 받는 자'로 가정된 사람들이 스스로를 관리할 수 있는 존재가 되어야 한다는 것이다. 따라서 위 구분은 '관리매개자'와 '관리주체'의 구분으로 바뀔 필요가 있다. '일상적 관리기구'가 이러한 구분 위상의 변화를 여하히 인식하고 실행하는가는 민주주의의 지평을 확장시키는 데 결정적인 관건이다. 이는 바로 '근대'가 열어 놓은 '인간 주체'의 존재 양식을 '만인 주체'의 그것으로 변화시켜가게끔 하는 진화의 기본 방향에 동참하는 일이 될 것이다.

다른 한편으로, 질병의 자기화의 여부가 간단하지 않다는 문제가 있다. 질병은 무엇보다도 존재에게 닥친 존재의 존속에 대한 위협이다. 해당하는 존재가 그것을 제 마음대로 다룰 수가 없는 상태에서 존재의 물리적 기능에 제동을 강제하거나 훼손하기 때문에 질병은 위협이 된다. 그런데 감염병이 특별히 부각시키는 것이 병을 '인간의 사안'으로 만드는 것이라면, 원리상 질병은 인간에 의해 최소한 규정될

고 있는 Jacques Bidet, "Foucault et le libéralisme–Rationalité, révolution, résistance", *Actuel Marx*, No 40, 2006, p. 172에서 가져옴.

수 있어야 하고 최대한 다스려질 수 있어야 한다. 이것은 사람으로 하여금 질병을 축으로 하여 두 가지 존재 양태의 모순에 부닥치게 한다. 즉 세계의 주체로서의 인간과 위협당하는 자로서의 객체적 인간이 착종되는 것이다. 이럴 때 '주체성' 자체가 질병 현상에 감염되어 강박증이 되고 그것이 격화되면, 질병의 주도성이 질병주체의 주도성으로 전이되어, 질병이 야기하는 것이 마치 주체 자신이 그렇게 하는 것이라는 착각으로 나타날 수 있다. 그것은 궁극적으로 치명적인 재앙의 이미지를 존재의 사고 자체로 만들어 버려 더 이상의 사유의 진행을 불가능하게 만든다.

　수전 손택은, 보스니아 내전에서 찍힌 사진들을 떠올리면서 이미지(사진)와 언어(이야기)의 차이를 이렇게 말한 적이 있다. "찌르는 듯한 사진은 그 충격을 주는 힘을 오래도록 보존한다. 그러나 그것은 이해하는 데에는 도움을 주지 않는다. 이해에 도움을 주는 건 '이야기'이다."*

　가정된 재앙의 이미지 역시 그러지 않는다고 말할 수 없다. 그것을 우리는 몇 년 전의 광우병 공포와 3년 전의 구제역 파동에서 여실히 보았다. 사람들은 가정된 재앙에 짓눌려 서투르기 짝이 없는 반응을 연속적으로 범하였다. 충분히 고려할 수 있었던 다양한 대응책들은 공포가 강요하는 시위와 매장의 다급한 행동과 조치 속에 파묻혀버렸다.

　수전 손택은 이러한 이미지의 충격에서 벗어날 수 있게 하는 건 '이

---

* Susan Sontag, "Regarding the pain of others. Un commentaire", *Diogène*, 2003/1, p. 133.

야기'라고 말했다. 그의 말을 그대로 따른다면, 우리는 감염병에 관한 '이야기'를 회복하는 데에서 감염병을 '이해'하는 길을 열 수 있을 것이다. 여기서 '이야기'라는 은유가 가리키는 건 무엇일 수 있는가? 이야기의 본래 기능은 사건을 지연시키는 자리에 풍부한 생각과 가능한 체험들을 집어넣는 것이다. 그것은 가령 예상되는 재앙에 사로잡히는 대신, 있을 수 있는 재앙들의 양태를 다양화하고 또한 그 재앙들이 드러나는 다양한 가상적 상황을 실험하는 것일 수 있으리라. 혹은 감염병의 발생과 유포와 효과에 이르는 과정에 대한 매우 과학적인 이해도 이야기의 한 형식이라 할 수 있을 것이다. 무엇이 되었든, 이야기는 당장 요구되는 진실의 강박으로부터 벗어나 허구(있을 수 있는 가정적 상황들)를 만들어내는 작업 속에서 가능해진다.

한데, 이 작업의 핵심적인 기능은 '지연'이다. 이것은 감염병이 눈앞에 닥친 상황 앞에서는 '이야기'가 아무 쓸모가 없을 수 있다는 것을 암시한다. 그 상황에서는 지연을 할 수 없으니까 말이다. 그러니까 이 '지연'의 방책이 정확하게 우리에게 알려주는 게 있다면, 지연을 제대로 하려면 시간을 당겨야 한다는 것이다. 즉 감염병이 눈앞에 닥치기 전에 감염병에 대해 생각을 하고 준비를 해야 한다는 것이다. 바로 질병의 일상적 인식 및 대처이다. 일찍이 몽테뉴는 16세기 신·구교 간의 끔찍한 내란 속에서 "죽음을 배워야 한다(apprendre à mourir)"고 말했다. 살려고 아등바등하다가 느닷없는 죽음에 비명횡사하기보다 죽음을 항상 유념하고 조심하는 게 삶을 더 알차게 한다는 것이다. 우리는 오늘날의 감염병에 대해서도 비슷하게 말할 수 있다. "감염병을 배워야 한다"고. 이 배움이 일상적 차원에서, 그리고 일반 시민의 수준에서 전개될 때, 그것은 병과 건강에 대해, 병의 인간적 유통에 대해, 삶과 죽음에 대해 아주 폭넓은 이해를 낳을 것이다.

근대적 정치제도로서의 감염병의 일상적 관리기구가 해야 할 으뜸가는 일은 예방 백신의 개발 이전에 모든 국민들의 감염병에 대한 일상적 관심을 키우고 그것에 대한 대처 방안들을 체질화하는 풍토를 조성하는 일을 보조하는 것이 될지도 모른다. 우리는 또한 그 말을 바꾸어서 감염병에 관한 인문학적 성찰이라고 말할 수도 있으리라.

두번째 방향, 즉 감염병에 대한 인간의 대응이라는 측면에서 제기되는 문제는 다음과 같다. 우선 감염병에서 '감염' 자체를 없애는 것은 불가능하다는 것이다. 생명들과 인간들이 살아 있으면 있을수록, 그리고 개개 생명에 대한 자유의 수치가 높아지면 높아질수록, 생명 상호 간의 교류는 더욱 활발해진다. 그 교류 속에서 특정한 정신적·물질적 실체들은 생명들 사이를 들락거리며 자신의 크기를 키우고 에너지를 증대시킨다. 감염이 그런 것이다. 따라서 감염 그 자체를 막을 수는 없는 것이다. 가령 「강남스타일」을 생각해보자. 그것이 전 세계에 퍼져나가는 경로는 유해한 바이러스가 퍼져나가는 경로와 그리 다를 게 없다. 다만 그 성분이 다를 뿐이다. 어떤 감염물은 인류와 생명의 정신을 북돋고 신체에 바람을 불어넣어준다. 반면 어떤 감염물은 우리의 육체를 부패하게 하고 정신을 혼미케 한다.

이 첫번째 사실로부터 우리가 도출해낼 수 있는 교훈이 있다면 무엇인가? 두 가지 정도가 있을 수 있다.

하나는 감염과 예방은 동시적 과정일 수 있다는 것이다. 감염이 막을 수 없는 것이라면 예방은 감염병의 경로에서 행해지는 것이 가장 효과적이다. 따라서 우리는 이미 많은 감염 예방법이 '작게 감염되는 법'을 통해서 이루어진다는 것을 잘 알고 있다. '종두' 같은 '면역'이 바로 그것이다. 그 반대의 경우도 있다. 어떤 실험동물장에서 백신을 주사 받은 토끼들이 떼죽음을 한 일이 있었는데, 그것은 백신을 얻기 위해 배양된 균이, 백신 획득 후에는 끓여서 멸균이 되도록 예정되고 예상되었던 것과는 달리 함께 배양된 내열성의 내독소(內毒素)와 합성하여 치명적인 균으로 변질되었기 때문이었다.* 이것은 백신이 개발되는 도중에 균도 동시에 개발될 수 있다는 것을 보여준 명료한 사례이다. 예방은 감염을 통하고 감염은 예방 속에서 튀어나온다. 이러한 사태는 우리로 하여금 감염병의 움직임이 단순히 악화와 약화라는 양적 증감의 형태로 나타나지 않는다는 것을 알려준다. 그것은 변신한다. 따라서 감염병에 대한 대처 방안은 감염병의 현재 진행 속에서 계속 바뀌어야 한다. 어제의 백신이 자칫 오늘의 독약으로 변질될 수도 있으므로.

다른 하나는 감염과 예방이 그렇게 밀접히 상관적으로 작용한다면, 예방법이 감염병의 감염보다 더 감염적일 때 예방의 효과가 클 수 있다는 것이다. 서양인들이 흔히 손자(孫子)에게서 인용했다고 말하곤 하는 속담 중에 "펀치와 함께 굴러라(Roll with the punches)"**라는 말

---

* Ludwik Fleck, "Problèmes de théorie des sciences", *ARCHIVES DE PHILOSOPHIE*, t. 73, Hiver 2010, pp. 597~98. 이 과정은 다음의 수식으로 정리된다. endotoxine D+bac. paratyphus B=bac. paratyphus D

** 아마도 『손자병법』의 제5편에 나오는, '任勢'(기세를 타다)를 의역한 듯한데, 확실치는 않다. 손자는 기세를 타는 일을 목석에 비유하여, 다음과 같이 풀이하였다. 其戰人也 如轉 木石 木石之性, 安則靜, 危則動, 方則止, 圓則行.

이 있다. 이 속담은 예방이 감염병에 적대해서 가기보다는 오히려 맞추어서 가는 게 순리임을 암시하는 경구로 쓰일 수 있다. 또 시인 김수영은 「풀」에서 동풍에 맞서는 '풀'의 방법을 "바람보다 더 빨리 눕는다/바람보다도 더 빨리 울고/바람보다 먼저 일어난다"고 풀이하였다. 맞출 뿐 아니라 앞지를 때 위험의 원천을 능가할 수 있다는 것이다. '네트워크 이론' 쪽에서 개발된 예방 시스템은 그렇게 앞지르는 사례를 제공하는 것일 수도 있다. '네트워크 이론'의 핵심은 '단말'이 아니라 '허브'를 타깃으로 삼는다는 것이다. 감염병의 예방을 위해서 찾아야 할 허브는 감염병을 옮길 확률이 가장 큰 숙주(숙주처럼 기능하는 전염된 환자)일 것이다. 그 허브를 어떻게 찾아야 할까? 네트워크 이론은 허브와 단말 사이의 연결선을 거꾸로 타고 가는 데서 방법을 찾았다. 즉 단말 쪽에 예방 도구를 두 배로(즉, 단말과 허브 양쪽 모두에게 사용되도록) 배치하면, 허브와 단말 사이의 자연스러운 교류에 의해서, 단말 쪽에 놓인 여분의 예방 도구가 허브에게로 집중된다는 것이다.* 허브를 잡으려면 단말을 과잉적으로 운동케 해야 한다는 것이다.

이 두 가지 경우는 모두 감염병과 예방 사이의 긴밀한 협력(?)관계(혹은 공모관계)를 전제로 한다. 감염병은 그냥 피하기만 하면 되는

---

* 이는 KAIST 물리학과 정하웅 교수의 문지포럼 강연 '복잡계 네트워크'(2012. 1. 13)에 근거한다. 정교수에 의하면 사람들에게 에이즈 예방 주사기를 두 개씩 배포하면(하나는 본인용, 다른 하나는 주사기를 받은 사람이 제공할 가상의 다른 인물용), 여분의 주사기가 자연스럽게 에이즈의 허브(성관계가 복잡한 사람) 쪽으로 집중되는 현상이 조사되었다고 한다.

것이 아니라 그것에 적응해야 한다는 것이다. 단, 적응하되 그것의
위험을 역이용해서 탈출의 통로로 삼아야 하는 것이다. 이 또한 감염
병에 대한 보통 사람들의 일상적 인식과 대처 능력을 제고시키는 일
과 더불어 가지 않으면 불가능한 일일 것이다. 감염병의 철학적 의미
는 궁극적으로 '더불어 삶'의 깊이를 깨닫게 하는 것이라고 할 수 있
을 것이다.

| 감염병과 인문학

감염병과 인간의 상호작용

천연두를 중심으로

이일학

연세대 의과대학 의료법윤리학과 조교수

들어가는 말

모든 질병은 인간이 반드시 극복해야 할 고난이고 한 사회의 존속을 위협하는 재앙이다. 특히 감염성 질환은 역사의 초기부터 인간을 괴롭혔는데, 이 중 천연두는 특히 흥미롭다. 천연두는 동물의 병이 사람의 병으로 진화하고, 인류 사회가 그 병에 적응하고 극복하는 과정에서 발생하는 다양한 현상을 보여준다. 천연두는 인류 사회에 깊은 흔적을 남긴 병이고 그만큼 문화적, 사회적, 정치·경제적 차원에서 재미있는 현상을 보여주었다.

인간의 농경 활동이 확산되고, 더 많은 사람들이 모여 살게 되면서 몇 가지 변화가 생겼다. 먼저 인간은 이전에 없던 힘을 누릴 수 있게 되었다. 협력이 가능해지고 기술이 발전하면서 인간은 더 이상 야생동물과 경쟁하지 않아도 되었고, 굶어 죽는 일도 줄어들었다. 야생동물을 길들여 가축으로 기르게 되자 동물성 단백질로 더 큰 힘을 얻게 되었다. 그러나 감염병의 공포는 인류가 치러야 하는 대가였다. 감염병 경험이 없는 문명이 없고, 어떤 문명은 감염병으로 절멸하기도 했다. 천연두는 2000년 가까운 기간 동안 위험한 살인마(the Greatest Killer)였다. 그 대상을 가리지 않았다. 주로 가난한 사람들, 어린아이들을 희생자로 삼았으나 왕과 귀족, 종교 지도자들에게도 그 붉은 화살을 겨누었다.

천연두 바이러스는 DNA를 담고 있는 작은 단백질 덩어리에 불과하다. 그러나 이 작은 물질은 사람의 몸 밖에서도 오랫동안 생존할 수 있는데, 이런 생존 능력을 통해 다수의 사람을 전염시켜왔다. 인간이 없으면 자연 속에 숨죽이고 있다가 인간을 만나면 급속도로 확산되는 것이다. 하지만 이 바이러스는 흙 속에서는 살아 있을 수 없다. (소아마비 바이러스처럼) 물속에 머무르거나 (페스트나 말라리아균처럼) 쥐벼룩, 모기에게 잠시 머무르지도 못한다. 이 바이러스는 오로지 사람 사이에서만 존재할 수 있고, 더 나아가 상당한 크기의 인구집단(20만 명 이상)을 필요로 한다. 천연두 바이러스는 문명과 공존할 수밖에 없는 것이다. 문명의 한 단면에는 감염병이 있고, 그 한 단원을 천연두가 차지하고 있다. 하지만 우리는 천연두를 완전히 극복했다. 이는 사실상 유일무이한 경우다.

이 글은 왜 천연두에 인간이 성공적으로 적응할 수 있었는지, 인간은 어떤 전략을 택했고, 천연두의 어떤 특성이 인간이 극복하기에 좋았는지 살펴볼 것이다. 천연두가 극복할 수 있는 성질을 지니고 있었다는 행운 말고도 인간의 노력도 중요하게 작용했음을 알게 될 것이다. 천연두를 살펴보면 감염병에 대한 인간의 대처가 어떤 방식으로 이루어져야 하는지 가늠할 수 있다. 글은 천연두와 인간의 만남, 인간 사

회에 자리잡은 천연두, 천연두의 극복, 그리고 회상과 교훈이라는 순
서로 진행될 것이다.

천연두의 시작과 끝

천연두를 일으키는 바이러스는 동물에게서 사람으
로 옮겨온 것이다. 언제, 어떻게 그 일이 생겼는지는 정확하게 알기
어렵다. 다만 고고학 연구를 통해 기원전 10000년경 서아프리카 나일
강 상류에서 쥐들 사이에 옮겨 다니던 바이러스가 사람에게 우연히
옮겨지고, 사람과 사람 사이에 교차감염을 일으킬 수 있도록 성질에
변화가 생겼으리라 추측할 따름이다. 진화의 결과로 (따라서 우연히)
사람 사이에서 존재하게 된 천연두는 사람과 사람 사이를 옮겨 다니
며 전 세계로 그 범위를 넓혀나간다. 최근 수행된 유전자 연구 결과
에서도 천연두가 아프리카에서 인디아, 중앙아시아와 중국과 우리나
라까지 확산되었으리라 추측할 수 있다.* 처음 사람에게 옮겨온 천연
두는 무척 독성이 강한 급성감염병 형태로 한 사회를 파국으로 몰아
가면서 확산되었을 것이다. 역사 시대에도 비슷했는데, 아즈텍 문명
의 멸망 과정에서 볼 수 있듯이 천연두를 처음 접한 사회는 큰 고통을
당했다. 우리가 이름을 알고 있는 가장 오래된 천연두 환자는 이집트
의 람세스 5세인데, 그는 기원전 1157년 아라비아 반도 출정 중 천연
두에 걸려 사망했다. 그의 미라에 선명하게 남아 있는 천연두 발진은
질병과 죽음이 젊은 권력자라고 비껴가지 않았음을 보여준다. 고대

* Li et al, *On the Origin of Smallpox: Correlating Variola Phylogenics with Historical Smallpox Records*, PNAS, 2007:104(40):1587~1592 .

의학 서적에서도 천연두를 언급한 기록을 발견할 수 있는데, 기원전 1500년경 인디아, 기원 후 4세기 중국에 남아 있다(1977년 소말리아에서 마지막 환자가 보고된 이후로 천연두는 인간 사회에서 찾을 수 없게 되었다).

천연두 질병

천연두 질병을 일으키는 두창바이러스(pox virus)는 바이러스 중에서도 그 크기가 큰 편에 속한다(그래 봐야 바이러스라서 220 나노미터에 불과하지만). 천연두 바이러스는 바이러스가 들어 있는 체액이 사람의 코나 입과 같은 상기도 점막에 접촉할 때 옮는다. 사람과 사람의 대면 접촉이 없으면 천연두는 확산될 수 없는 것이다. 일단 사람의 몸속에 들어온 바이러스는 1~2주일 정도 특별한 증상이 없이 자라다(잠복기를 거친 후) 증상을 나타낸다. 처음에는(2~4일) 고열과 심한 두통을 유발하고 심한 경우 의식을 상실하거나 발작을 일으킨다. 이 초기 증상이 지나면 발진이 입에서 얼굴, 그리고 전신으로 퍼지고 이어 속에 물이 찬다(농포). 천연두의 종류에 따라 농포는 출혈을 일으키는 것에서부터 평평한 반점 형태까지 다양한 형태를 띤다. 이 시기 농포 부위에 찌르는 듯한 통증이 수반되어 환자는 심한 고통을 받는다. 이 시기가 지나고 나면 농포에 딱지가 앉고 딱지가 떨어지면 깊고 영구적인 흉터를 남기고 천연두는 다시 찾아오지 않는다. 천연두는 잘 알려진 바와 같이 일단 감염되었다 회복된 사람은 영구적으로 면역력을 얻기 때문이다.

이 병은 일주일 내외에 삶과 죽음이 결정되는 급성 질환이고, 사람에게만 발생하는데다 일단 바이러스가 몸 안에 들어와 자라게 되면 환자가 죽거나 사는, 양자택일만 가능한 병이다. 이런 천연두의 특성에는 무서운 면이 있지만, 나중에 살펴보겠지만 우리가 천연두를 인류 사회에서 몰아낼 수 있었던 고마운 면도 있다.

인류 사회에 자리잡은 천연두: 두려움의 대상, 전쟁의 무기

천연두는 사람과 사람 사이를 옮겨 다녔고 시간이 지나면서 인간 사회에 고착되었다. 10세기경부터 천연두는 중국, 인디아, 일본, 지중해 연안의 도시를 옮겨 다니면서 발생했다(한번 걸린 사람이 다시는 걸리지 않는 천연두의 특징을 생각하면, 한번 발생한 도시에는 면역력이 없는 사람이 충분히 모일 때까지 다시 발생하지 않았을 거라 짐작할 수 있다). 사람이 모인 곳에서는 인류 문명이 성장했다. 많은 문명권에서 천연두를 상징하는 신을 발견할 수 있는 것은 천연두의 공포를 생각하면 지극히 자연스럽다 하겠다. 이들 천연두를 표현하는 신들(한국의 마마, 중국의 냥냥, 인도의 시탈라 마, 아프리카의 소포나*)은 하나같이 여성인데, 여기에는 여성의 자비를 구하고자 하는 동기도 담겨 있었을 것이다.

천연두는 다른 질병과 달리 가난한 사람과 부유한 사람, 귀족과 천민을 가리지 않고 발병했다. 천연두에 걸린 사람 중 귀족만 언급해봐도 영국의 엘리자베스 1세, 프랑스의 루이 15세, 스페인의 루이스 1세,

---

* F. Fenner, D.A. Henderson, I. Arita, Z, Jezek, and I.D. Ladnyi, *Samllpox and Its Eradication*, 1988, World Health Organization, Geneva: 209-244.

러시아의 페트리아 1세, 미국의 링컨 대통령, 그리고 청나라의 강희 대제까지 포함하는 긴 목록을 만들 수 있을 정도다. 이렇게 넓은 영향을 미쳤던 천연두는 16세기 이후 유럽에서 토착병이 되어 주기적으로 발생했다. 종두법이 시행되었던 19세기 초까지 연간 40만 명이 천연두로 목숨을 잃었는데, 이는 전체 사망자의 10퍼센트에 해당하는 큰 수치였다.

그런데 천연두는 죽음만이 두려운 병이 아니었다. 살아남은 사람도 얼굴이 심하게 얽어 흉터가 남거나 (흉터로 각막이 흐려져) 시력을 상실하는 고통을 당했다. 엘리자베스 1세 여왕을 간호하다 감염된 후 살아남은 매리 시드니 부인은 "회복했으나 너무 흉하게 변해 여왕 전에 나올 때는 언제나 가면을 써"야 할 정도였다.* 질병은 사회의 도덕에도 영향을 미쳤다. 그 원인이 천연두였는지는 논란의 대상이지만, 기원전 4세기 아테네의 역병은 시민들의 신앙심마저 앗아갔다. 역사가 투키디데스는 아테네 시민들이 "어차피 자신들은 곧 죽을 것이라고 생각했기 때문에 범죄를 저지른다 해도 재판에 회부될 일 같은 것은 없으리라 여겼다"고 기록하고 있다. 또한 감염병은 죽은 사람을 인격적으로 대하는 것을 불가능하게 만드는데, 감염병의 유행 시기에 "(모든 예절은 금지되고) 죽은 자의 사회적 인격은 폐지되었"던 것이다.** 따라서 인류 사회에 자리잡은 천연두는 병이 아닌 공포와 파멸로

---

* Stanley Williamson, *The Vaccination Controversy: The rise, reign and fall of compulsory vaccination for smallpox*, Liverpool University Press, 2007, Liverpool: 11.
** 셸던 와츠, 『감염병과 역사(*Epidemics and History*)』, 태경섭 · 한창호 옮김, 모티브 북, 2009, 48쪽.

자리잡게 되었다.

16세기 아즈텍인들은 천연두로 파멸 직전에 몰린다(물론 파멸의 주범은 스페인으로 대표되는 유럽의 탐욕과 무지였지만). 이 시기 한 생존자는 천연두의 경험을 다음과 같이 증언한다.

스페인 사람들이 우리에게 다가오기 전에 감염병이 돌았습니다. 그것은 천연두였습니다. 테페일휘틀의 달에 그것은 시작됐고, 사람들에게 퍼져서 엄청난 결과를 초래했습니다. 어떤 사람들은 얼굴, 머리, 가슴 등 온몸에 (농포가) 뒤덮였습니다. 참혹했습니다. 너무나 많은 사람들이 죽었습니다. 병에 걸린 사람들은 걷지 못해 방이나 침대에 누워 있기만 했습니다. 그들은 움직일 수도 없었고, 일어날 수도 없었습니다. 자세를 바꾸지도 못했습니다. 한쪽으로 몸을 누일 수도, 얼굴을 돌릴 수도, 똑바로 누울 수도 없었습니다. 조금이라도 움직이려고 하면, 그들은 커다란 비명을 질렀습니다. 너무도 끔찍한 일이었습니다.*

우리가 들어서 알고 있는 것보다 아즈텍인이 경험했을 두려움은 더욱 컸을 것이다. 거기에 스페인 군대의 고의적인 학살까지 더해져 오늘날 라틴 아메리카로 불리는 지역의 파괴는 거의 괴멸적이었다. 통계 기록을 살펴보면 1520년 스페인 사람들이 군화에 천연두를 묻힌 채 안데스 산맥에 발을 들여놓은 후 토착민의 인구는 12퍼센트까지

---

* Stanley Williamson, *The Vaccination Controversy: The rise, reign and fall of compulsory vaccination for smallpox*, Liverpool University Press, 2007, Liverpool: 11.

급감했던 것이다. 그리고 이렇게 급감한 인구를 아프리카에서 납치한 흑인 노예로 대체하면서 번창했던 문명은 밀림 속에 묻히고 말았다.

그런데 문명은 가능한 모든 기회를 활용해야 성장할 수 있다. 스페인이 잉카와 마야 주민을 병으로 절멸시키는 동안 영국도 아메리칸 인디언들을 대상으로 비슷한 시도를 하고 있었다. 인디언들의 거센 저항을 극복해야 했던 초기 이민자들은 자신들이 이삿짐에 담아온 천연두 바이러스를 일종의 은총으로 여겼다.

하나님의 권능이 (……) 엄청난 수의 원주민들을 천연두로 제거함으로써 우리의 도착을 축복해주었다.

한편 원주민과 전쟁을 벌이던 장군들에게도 천연두는 매력적인 수단으로 보였을 것이다.

그들(Fort Pitt를 포위하고 있던 인디언)을 배려해서 우리는 모포 두 장, 손수건 한 장을 주었다. 그것들은 모두 천연두 병원에서 얻어온 것이었는데, 이것들이 바라는 효과를 낼 것이라 기대한다.(1763, Willaim Trent)

저 정나미 떨어지는 인디언 부족에 천연두를 보낼 방법을 찾아낼 수 없을까? 이참에는 그렇게 해야 한다. 우리 수중에 있는 모든 전략을 써서 그들 수를 줄여야 할 것이다.(1763, Sir Jeffery Amherst)

프랑스와 영국의 전쟁 기간에 몬트리올에서 들어온 천연두는 (……) 판

매되었다. 그들은 집에 돌아와 박스를 열어보았다. 하지만 그 안에는 다른 양철상자가 들어 있었다. 그들이 다시 그 상자를 열자 작은 곰팡이들만을 발견할 수 있었다. 많은 사람들이 무엇인지 알아보려고 자세히 들여다보았고…… 곧바로 무시무시한 감염병이 발생했다.(오타와 주의 인디언 추장)*

천연두 바이러스는 이렇게 전쟁의 무기로 활용되었는데, 공평하게도 칼을 휘두르던 이들도 상처를 입었다. 라틴 아메리카를 휩쓸고 다니던 바이러스는 라틴 아메리카에서 독성을 회복해서 유럽에서 새로운 유행을 일으킨다. 인간의 모든 활동이 쌍방에게 모두 영향을 미치는 것이 당연한 사실임을 일깨워주는 역사적 사건이다.

인두접종

오늘날에는 바이러스성 질환에 항바이러스 제제를 사용할 수도 있고, 그보다 먼저 예방접종을 통해서 아예 처음부터 막을 수도 있다. 그리고 우리의 위생 환경은 바이러스의 전파를 최소화할 수 있는 방식으로 바뀌었다. 이런 대처가 불가능하던 시기에, 사실 천연두가 왜 생기는지도 모르던 시기에, 천연두에 대처하기란 막막했을 것이다. 그림을 걸고 굿을 하는 것과 같은 대책이 아니라 의사들이 택하던 대책도 오늘날의 눈으로 보기엔 참 낯설게만 보인다. 동의보감에서는 매화꽃으로 환약을 만들어 먹으면서 주문을 외우도록 시켰

---

* Harold B Gill Jr. Cononial Germ Warfare. 웹사이트: the Colonial Williamsberg Foundation. 2012. 9. 8 접속 http://history.org/fundation/journal/spring04/warfare.chm

다.* 서양에서도 비슷해서 의사들은 치료에 붉은 천을 사용했다. 환자를 붉은 천으로 둘러싸서 온통 붉게 보이도록 만드는 것이 의사들이 황실의 가족에게 발진이 생겼을 때 택했던 치료법이었다. 붉은 천으로 침대를 둘러싸고, 침대도 붉게 처리하고, 더 나아가 환자에게 가까이 가는 모든 이들은 붉은 가운을 입도록 했는데, 이 치료법은 12세기에 도입되어 종두법이 확산되던 19세기를 지나 20세기 초반까지 활용되었다.** 물론 이런 치료법이 효과를 낼 가능성은 희박했을 것이다. 이론적으로는 비슷한 상황을 유발함으로써 병을 약하게 앓게 하는, 동종요법의 연장선에서 이해할 수 있을 것이다. 유럽에서는 붉은 천으로 천연두를 유발했다면, 아시아에서는 천연두에 걸렸다 회복되는 과정에 있는 환자의 조직을 활용하는 효과적인 예방법이 도입되었다.

이 방법이 인두접종인데, 천연두에 걸린 사람에게서 얻은 조직이나 분비물을 아직 병에 걸리지 않은 사람에게 이식시켜 천연두를 가볍게 앓게 하는 것이었다. 역사적으로는 AD 10세기경 활용되었다는 기록이 있는데, 중국에서는 환자의 피부에 생긴 딱지를 떼어내 가루로 만든 뒤 콧구멍으로 들이마시게 하는 방법을 사용했고, 터키에서는 농포에서 체액을 채취해 팔에 가벼운 상처를 내고 문지르는 방법을 사용했다.

이 방법이 유럽에 도입된 시점은 매우 늦은 18세기였다. 무슨 이유가 있었는지 모르겠으나 어쨌든 이 인두접종이 영국에 도입되는 데도

* 동의보감, 잡병 편, 소아.
** F. Fenner, D. A. Henderson, I. Arita, Z, Jezek, and I. D. Ladnyi, *Samllpox and Its Eradication*, World Health Organization, 1988, Geneva:228.

상당한 저항이 있었다. 그리고 이 저항에는 타당한 이유가 있었다. 인두접종은 사람에게 이미 천연두를 일으켰던 독성을 완전히 제거하지 못한 바이러스를 사용하는 것이었고, 접종하기 위해 피부에 상처를 얼마나 내는가에 따라 그 효과도 제각각이었다. 그래서 100명에게 접종하면 2명에겐 천연두가 발생했고, 접종한 후에도 제대로 된 접종인지 확인할 방법이 없었다. 그래서 유럽 대륙의 인두접종률이 갑자기 낮아진다. 무엇보다 인두접종을 위해서는 지속적으로 천연두에 걸린 사람을 만들어내야만 했다. 따라서 최초의 환자에게서 인두접종을 통해 농포를 유지하는 어려운 과제를 해결해야 했던 것이다. 농포를 만들기 위해서는 이전에 병에 노출된 적이 없는 건강한 사람이 필요했으니 얼마나 어려웠을까? 그런데 대서양 건너 미국은 유럽과 달리 적극적인 인두접종 활동이 이루어졌다. 앞에서 미국 원주민에게 천연두를 선물했던 것처럼 전쟁의 무기로 천연두가 사용될 가능성이 있었고 영국에 대항하여 벌인 독립전쟁 과정에서도 천연두의 공포를 경험한 바 있었기에 벤저민 프랭클린, 조지 워싱턴 등 다수의 지도자들이 인두접종 운동을 독려했다.

로버트 서튼(Robert Sutton)과 그 자녀들을 통해 안전하고 일관성 있는 효력을 보이는 인두접종법이 개발되었다. 그들은 가장 약한 증세를 보이는 환자의 농포에서 뽑아낸 체액(림프액)을 접종하고, 접종한 사람 중 (가장 약한) 국소감염을 보이는 사람에게서 얻은 림프액을 사용하는 방법을 택했다. 그리고 접종 받은 사람은 발병하지 않을 것을 확신할 수 있을 때까지 관찰할 수 있도록 격리병동을 활용했던 것이다. 이렇게 다소간 복잡한 방법을 통해서, 그리고 적지 않은 부작용을 감수해가며 천연두에 대처해야 했다.

종두법

어떻게 천연두를 예방할 수 있을 것인가, 그리고 안전하고 확실한 효과를 보장할 수 있을 것인가 하는 문제는 18세기 말인 1796년 영국의 에드워드 제너(Edward Jenner)에 의해 해결의 실마리를 찾게 된다. 소에게서 사람과 비슷한 증상을 일으키는 우두(cowpox)에 우연히 걸린 사람이 천연두에 걸리지 않는다는 사실은 제너 이전에 이미 알려져 있었던 사실이다. 제너는 의학을 공부하던 수련의 시기부터 이 사실에 관심을 갖고 있었으며 약 20여 년간 지속적으로 연구를 수행하고 있었다. 우두 환자가 발생한 사실을 전해들은 그는 환자의 농포에서 추출한 림프액을 그가 알고 있던 동네 아이 제임스 핍스에게 접종한다. 접종 방법은 인두법과 동일하게 얕은 상처를(상피에만 가벼운 상처를 내는) 내고 림프액을 삽입하는 방식이었다. 그리고 그는 당시로서는 최첨단 의학의 방식으로 엄밀하고 꼼꼼하게 관찰하였다.

7일째 되는 날 아이는 겨드랑이가 뻐근하다고 불평했고, 9일째 되는 날에는 오한이 좀 나고 식욕이 떨어졌으며 가벼운 두통이 일었다. (······) 상처를 낸 자리에는 천연두 균을 주입했을 때 나는 것과 비슷하게 생긴 예쁜 농포가 형성되었다. 7월 1일 나는 천연두 환자의 농포에서 뽑아낸 진물을 곧바로 아이에게 접종했다. 아이의 양팔에 몇 군데 가벼운 상처를 내고, 그 자리에 진물을 문질러주는 식으로. 하지만 아이는 천연두에 걸리지 않았다.

이 성공에도 불구하고 제너는 신중한 태도를 유지하며 자신의 성공을 확인할 기회를 기다리고 있었다. 2년을 기다린 후, 다시 우두가 근방에서 발생한 기회를 얻어 스물세 명에게 '임상시험'을 시행한다. 그리고 이 성공 결과를 논문으로 발표한다(오늘날 같으면 기자회견부터 했을지 모르지만 그는 '잉글랜드 서부의 몇몇 주, 특히 글로스터 주에서 발견되었고 우두라는 이름으로 알려진 병인 우두의 원인과 결과에 관한 연구'라는 긴 이름의 70쪽이 넘는 논문을 발표한다).*

그러나 오늘날과 마찬가지로 새로운 의학적 조치가 확산되기 위해서는 과학적, 사회적 저항을 극복하는 과정을 거쳐야 했다. 종두법에 대한 저항도 만만치 않았는데, 먼저 인두법을 시행하던 동료 의사들의 반대를 극복해야 했다. 이미 산업화되어 있던 인두법이 존재했기 때문에 (그리고 그것이 비교적 적극적으로 도입되어 시행되던 예방법이었기에) 왜 종두법인지 과학적으로 설득하는 것이 어려웠을 것이다. 한편으로 동물에게서 얻어진 것을 사람에게 옮긴다는 아이디어에 불쾌함을 느끼는 사람들이 있었고, 그런 사람들 중에는 소의 다른 병이 사람에게 생길 수 있다는 과학적 지적을 하는 이들도 있었다. 이런 비난이 있을 것을 알았기 때문인지 제너는 자신의 접종법이 안전한 방식으로, 자신이 확신할 수 있는 방식으로 수행되길 바랐다. 그래서 다른 연구자들이 종두접종에 사용할 백신을 생산하고 그로 인해 부작용

* 프레더릭 F. 카트라이트 · 마이클 비디스, 『질병의 역사(*Disease and Hisory*)』, 김훈 옮김, 가람기획, 2004, 148쪽.

에 대한 보고가 들려오는 것에 극도의 불쾌감을 표하기도 했다.

그러나 다른 무엇보다 어려운 문제는 아직 어떻게 접종해야 효율적이고, 안전한지 알지 못한다는 점이었다. 사람에게서 얻은 림프액을 다른 사람에게 접종하는 과정에서 매독이 전염되는 사건도 발생했고, 효과를 낼 수 있는 정확한 시점이 언제인지도 알지 못했다. 사람들의 수요를 도저히 충족시키지 못하는 생산 방법도 어려움을 가중시켰다. 그러나 정부는 적극적으로 종두법을 시행했다. 통계를 보면 영국에서는 1801년 말에 이르러 이미 10만 명이, 프랑스에서는 1804년에 이르러서는 위험 인구의 60~70퍼센트가 접종을 받는다.*

여기서 우리는 특이한 사정을 하나 발견하게 되는데, 백신 접종에 대한 거부감이 가장 큰 집단이 사회적으로 박탈당한, 지방과 도시의 빈민들이었다는 것이다. 이들은 귀족이 아니라 자신들이 백신 접종 사업의 대상이 된다는 사실에 불신을 표했다. 즉 안전하지 않은 예방법을 자신들에게 강제로 시행한다고 느꼈기 때문일 것이다(결국 접종 대상을 확대하게 되었다). 또한 이들은 백신을 맞으러 올 여유가 없다고, 먹고사는 게 우선이라며 정부 시책에 대한 거부감을 우회적으로 표현했다. 이는 정부의 감염병에 대한 의지가 시민의 이해 없이는 성공적으로 실행되기 어렵다는 점을 보여준다. 그러나 접종의 확실한 효과를 통해 스스로의 가치를 증명하게 되고 결국 종두접종에 대한 거부감도 사그라진다. 이와 함께 천연두로 인한 사망자 수도 급

---

* P. Darmon, 천연두를 극복하다, in J Le Goff and J C Sournia (eds); 자크 르 고프 엮음, 『고통받는 몸의 역사(Les maladies ont une historie par Collectif de l'Histoire)』, 장석훈 옮김, 지호, 2000, 214~229쪽.

감하게 된다.

　그런데 인두접종도, 종두접종도 정확한 시기에 안전하지만 효과도 있는 림프액을 채취해야 하는 어려운 과제를 안고 있었다. 제너의 종두법은 어떻게 그것이 가능했을까? 오늘날과 같은 방법론이나 수단이 없던 시기였음을 생각해보면 신기할 따름이다. 이에 대해 궁금증을 품었던 영국의 의사 아서 게일(Arthur Gale)은 다음과 같은 가설을 제시한다.

　백신 혈청 초기 역사의 모든 갈래를 일일이 추적한다는 것은 불가능하다. 우드빌의 실험 같은 실험보고서들을 제대로 이해하기도 어렵다. 1799년 이후 런던에서 어떤 일들이 벌어졌는가 하는 것을 단지 추측만 할 수 있을 따름이다. 내가 생각하기에 우두와 천연두 바이러스를 결합시킨 것이 모종의 과정을 거쳐 완화된 바이러스를 낳았고, 그 바이러스가 백신 접종하는 이들의 실험적인 선택 과정을 통하여 점점 더 안전한 것이 되었다는 것이 가장 개연성이 높은 설명이 아닐까 싶다.*

천연두 박멸운동: 공중보건의 승리

　　　　종두법의 시행을 통해 천연두의 고통은 거의 극복할 정도로 줄어들었다(천연두를 대신해서 콜레라가 위협하게 되었지만). 종두법이라는 거의 100퍼센트 효과적인 수단을 가지게 된 인간 사회는 이제 인류 역사상 최초로 감염병을 완전히 몰아내는 시도에 들어간다. 바로 '천연두박멸집중사업(the Intensified Smallpox Eradication

---

* 프레더릭 F. 카트라이트 · 마이클 비디스, 앞의 책, 157쪽.

Programme)'이다. 유럽에서 백신접종이 천연두의 감염을 거의 없앤 것처럼(1959년 이후 유럽, 소련, 북미에서는 자연적으로 발생하지 않았다), 사정이 좋지 않은 다른 나라에서도 100퍼센트 백신 접종이 가능하다면 천연두의 박멸이 가능할 것이라고 생각했던 것이다. 그래서 "가능한 어떤 시간 후, 예를 들면 100년 정도 후에 주요한 감염이 사라지고 없을 것이라고 예측하는 것은 합리적"이라는 희망찬 전망도 국제 사회에서 들을 수 있었다.

백신을 생산하고, 인구집단에 접종할 수 있는 기반시설(보건소, 접종소 등)을 확충하고, 인력을 교육하는 일은 선진국과 국제기구의 도움을 받는 제3세계 국가의 입장에서도 거리끼는 일이 아니어서 박멸 사업이 순행할 수 있을 것이라고 보았다. 그러나 인간 사회가 얼마나 다양한지 아직 공중보건은 배울 것이 남아 있었다.

1965년 종교적 신념 때문에 접종을 거부하는 인구집단에서 천연두가 발생한 사건이 나이지리아에서 생긴 후, 예방접종만으로 천연두를 박멸할 수 있을지, 아니면 다른 보완 대책이 필요한지 고민하게 되었고 오늘날도 널리 활용되는 감시-격리 전략이 제안되고 채택되었다. 무조건 백신 접종을 수행하는 방식이 아니라, 환자가 발생하는지 면밀히 감시하고, 일단 환자가 확인되면 위험 집단에 대한 전면적인 조사와 예방접종을 시행하며, 의심군을 격리하는 조치를 취하는 전략인데, 이렇게 함으로써 초기에 병의 확산을 막고 그 외 적절한 조치가 가능하다고 믿었기 때문이다. 그리고 1970년 인도에서 천연두가 발생했을 때, 이 전략은 성공적으로 기능했다.

새로운 전략도 그 과정에서 해결해야 할 문제가 있었다. 전쟁의 비유를 사용하면, 병참의 문제였는데, 단기간에 인구집단의 거의 전체를 대상으로 예방접종을 하려 할 때 필요한 백신과 접종기구가 확보되어야 했고, 환자 발생을 감시하고 역학조사를 시행하며 접종을 실시할 공중보건인력을 양성해야 했던 것이다.

우선 예방접종약을 신속하게, 다량 확보해야 하는 과제가 있었다. 다행히 그 시기에 림프액(이나 혈청)과 같은 액상형 백신이 아니라, 동결건조해 보관했다가 필요할 때 현지에서 생산할 수 있는 기술이 보급되었다. 백신도 주사바늘로 신속하게, 그렇지만 효과적으로 시행할 수 있는(이전에는 상처를 내고 문지르는 방식이었는데), 양갈래 주사바늘이 개발된 것이다. 기술적인 발전과 전략의 수정을 통해 천연두 박멸은 새로운 전기에 접어들게 되었다. 이렇게 유연한 적용, 현지 상황과 수요에 적응하는 사업이 성공의 핵심으로 작용해서 1980년 세계보건기구는 "천연두가 죽었다(smallpox is dead!)"라고 세계에 알리게 되었다.

성공, 그 이후엔?

이렇게 해서 1만 년이 넘는 기간 인류를 공포에 떨게 했던 질병 중 '한' 가지 질병이 사라졌다. 치료법이나 예방법이 없어 1만 년이나 되는 기간을 속수무책으로 당했던 것을 생각하면 대단한 성취가 아닐 수 없다. 하지만 아직 우리는 배우고 기억해야 할 것이 있다. 우선 이 성취가 지극히 제한적이라는 사실이다. 인류 건강을 위협하는 수많은 병 중 극복된 병은 하나에 불과하다. 아직 감기로도 죽는다. 조류독감과 같은 신종 감염병이 계속 보고된다.

무엇보다 천연두의 극복에는 천연두 바이러스와 천연두 질병의 행복한 조합이 자리잡고 있다는 점도 잊어서는 안 된다. 천연두의 극히 예외적인 특징, 즉 100퍼센트 증상을 나타내는(잠복감염이 없는) 예방접종이 가능한 점, 그리고 면역이 평생 동안 유지되는 점이 천연두의 극복을 가능하게 한 것이다.

인류와 천연두 바이러스 사이의 상호작용을 상상해볼 수 있다. 아마 인류는 천연두와 살아가며 한번 발생한 천연두에는 평생토록 유지되는 면역 능력을 발휘하도록 진화했을 수도 있다. 천연두가 반복해서 발생했다면, 사망률이 최대 30퍼센트에 달하는 이 지독한 질병 때문에 인류는 사라지고 없었을 것이다. 하지만 다행히 천연두에 대한 면역이 평생 지속될 수 있었기에 인간은 살아남았다. 인간이 천연두 바이러스에 충분하지는 않지만 적응한 것이다. 그리고 인간에게는 자연선택 외에 또 다른 수단이 있었는데, 바로 지성이었다. 인간이 가진 평생 유지되는 면역력을 병에 걸리지 않고도 획득할 수 있게 하는 방법을 개발하고, 서로 가르치고 실행하도록 돕는 지성의 능력을 가지고 있었다. 그리고 천연두는 이 과정에서 인간 사회의 협력을 이끌어내는 역할도 했다.

그렇지만 인간의 성공적인 적응이 다른 문제에도 그대로 적용되지는 못했다. 천연두의 급감, 혹은 박멸 경험을 통해 인간은 감염병을 완전히 극복할 수 있으리라는 희망에 부풀었다. 다수의 국제적인 활동이 시행되었는데, 십이지장충 감염(록펠러재단, 1909~1914), 황열병(록펠러재단, 1915~1932), 딸기종(요오스, WHO, 1952~1964), 말라리아(WHO, 1948~1972), 소아마비(WHO, 1979~) 등 적지 않은 수의 박멸 사업이 시행되었다. 그러나 모두 실패다. 왜 그런가? 질병의 생물학적 특성이 천연두와 같이 운 좋은 배합이 아니기 때문이고, 인간이 협력하는 법을 잊었기 때문이다. 우선 생물학적 특성을 생각해보면, 소아마비는 비교적 손쉬운 예방법이 존재하지만 불현성 감염이 너무 많아서 식별이 까다로운데다 설사를 동반하여 확산이 빠르다. 말라리아는 사람이 아니라 모기가 옮기고, 모기 개체 속에서 자란다. 그리고 천연두의 경우와 같이 대규모 자원을 투자하는 일은 이전처럼 쉽지도 않다. 예를 들어 2003년 인도 카르나타가 주에서 소아마비가 발생했을 때, 3만7천 명의 의사와 2천 대의 차량, 1만8천 개의 아이스박스가 동원되었고, 이들 의료진은 모든 집을 개별 방문하여 420만 명에게 백신을 접종하였다.* 우리 사회는 감염병에 이만큼의 자원을 쓸 만큼 여유로울까? (재정은 늘었으나 우리 지갑은 더 인색해진 현실을 감안할 때 말이다.)

그리고 천연두의 극복을 위해 의학계과 정부, 그리고 모든 시민이 협력했다는 사실 또한 주목해야 한다. 이 협력은, 특히 국제적인 협력은 아주 쉽게 무너질 수 있다는 것도 우리는 기억해야 한다. 20세기 말부터 우리는 위험한 세계를 경험하고 있다. 국제적 테러, 국지전, 전면전, 재정위기…… 2002년 미국 국토방위청은 보건의료인과 경찰 등 1천만 명이나 되는 사람들을 대상으로 천연두 예방접종을 시행할 계획을 발표했다.** 911테러 사건으로 흥분한 미국 정부는 탄저 테러,

---

* 아툴 가완디, 『닥터, 좋은 의사를 말하다(Better: A Surgeon's Notes on Performance)』, 곽미경 옮김, 동녘사이언스, 2008, 41~64쪽.
** Arthur Allen, Vaccine: the Controversial Story of Medicine's Greatest Life Saver, W.W. Norton and Company, 2007, p. 13.

천연두 테러와 같은 온갖 가능성을 상상해냈다. 확실한 증거 없이 미국 정부는 전 세계 단 두 곳에만 존재하고 있을 천연두 바이러스가 소비에트연방의 붕괴와 함께 테러리스트의 손에 넘어갔고, 이미 바그다드에는 연구진과 연구소가 있으며 무기로 개발되고 있다는 정보를 알렸다. 10년이 지난 지금, 이 이야기는 우스갯거리로만 남아 있다.

질병과 인간의 상호작용이 우리에게 가르쳐준 것은 무엇인가? 인간에게 주어진 '적대적'인 환경에 우리는 적응하며 생존하고 발전한다. 그러나 이러한 적응 시도의 성공과 실패는 상당 부분 운에 달려 있다고 해야 할 것이다. 동시에 인간의 대처는 단순히 의학적, 생물학적 차원에 머무르지 않고 정치적, 문화적 차원까지 확대되어왔다. 천연두의 성공은 의학만으로 문제를 해결하려는 시도가 얼마나 안이한 판단인지, 성공과는 거리가 먼 것인지 가르쳐준다. 오늘날 의학이 구축하고 있는 패러다임, 병원균-치료제-백신의 관계는 인간 사회의 적응이라는 과제에는 요긴하되 절대적인 수단은 아니다. 이것으로 모든 문제를 극복할 수 있다는 것도 오류다. 물론 이 패러다임은 지난 백 년간 의학을 지배했던 강박관념이었고 심지어 공중보건이라는 훌륭한 수단도 이 틀에서 자유롭지 못했다. 그러나 분명한 것은 의학을 뛰어넘는 개념으로 공중보건을 이해하고 좀더 적극적으로 활용해야 한다는 것이다. 오늘날 우리는 천연두가 신이 아니라 바이러스가 일으키는 질병이라는 것을 알고 있다. 그러나 우리가 알아야만 할 또 다른 교훈은 이 병은 바이러스가 아니라 사람이 확산시키는 질병이라는 것이다.

한국
전염병사
개관

여인석

연세대 의과대학 의사학과 교수

전염병은 인류의 역사와 함께 존재해온, 인류에게는 가장 보편적인 질병이라고 할 수 있을 것이다. 전염병은 처음 발생한 개인에게만 영향을 미치는 질병이 아니라 한 개인에게서 시작되어 그와 접촉한 사람들을 통해 널리 퍼져나가는 특징이 있다. 즉 그 발병의 규모가 개인적 차원이 아니라 집단적이라는 점에서 그 중요성이 있고 그 때문에 더욱 큰 두려움의 대상이 되기도 했다. 이러한 상황은 한국에서도 마찬가지였으며, 삼국시대부터 전염병 발병에 대한 기록이 나타나기 시작한다. 이 글에서는 삼국시대 이후 이 땅에 나타난 전염병의 역사를 시대별로 그 특징과 함께 서술하고자 한다.

전염병의 개념과 역사

전염병은 질병이 한 숙주에서 다른 숙주로 옮겨지는 양상에서 유래된 명칭이다. 그러나 이러한 전파 양상에 따라 명칭이 부여된 것은 상대적으로 후대의 일이고 처음에는 다수의 사람에게 한꺼번에 발병하는 양상을 표현하는 의미의 말이 사용되었다. 그 대표적인 용어가 'epidemic'이다. 'epidemic'은 집단적으로 발병하는 감염성 질환을 가리키는 용어로 다음과 같은 그리스어를 어원으로 한다. epi-(=upon)+demos(people). 이 어원에서 볼 수 있는 것처럼 이는 집단적으로 사람들에게 생기는 질병을 의미하는 말이다. 많은 사람들이 동시에 남녀노소 구분 없이 한꺼번에 동일한 양상을 가지는 질병에 걸리는 것은 고대인들에게 지극히 인상적이었을 것이고 따라서 이러한 명칭이 생겨난 것으로 여겨진다. 이 용어는 고대 그리스의 히포크라테스 시대부터 존재했으며, 히포크라테스 전집 가운데 'epidemics'라는 제목의 책이 일곱 권 전해오고 있을 정도로 고대 사회에서 중요하게 여겨졌다.

'epidemic'에 상응하는 말인 '역(疫)' 또한 이와 유사한 의미를 가진다. '疫'은 '역(役)'이나 '요역(徭役)' 등과 같은 용어에서 유래한 것이다. 고대의 왕조국가에서는 흔히 거대한 토목공사를 위해 많은 사람들을 부역에 동원했다. 그런데 이들은 부실한 영양 상태와 집단적으로 거주하는 곳의 열악한 위생 환경으로 인해 쉽게 전염병에 걸렸을 것이고, 사람들이 밀집된 상태에서 큰 규모의 발병으로 이어졌을 것이다. 그래서 아마 부역에 동원된 많은 사람들이 모여 있는 곳에서 흔히 발생하는 질병이라는 의미에서 '疫'이라는 글자가 만들어졌을 것이다.

요역뿐 아니라 군역을 위해 동원된 사람들이 모인 군진에서도 집단적 발병이 있었을 것이다. 이는 '役'이라는 글자가 원래는 '人'+'殳'로 사람이 창을 들고 있는 것을 의미하는 형상으로 '역'이 군진과 깊은 관련이 있다는 사실도 보여준다.

'epidemic'이나 '疫'이 발병의 집단적 양상에 초점이 맞추어져 만들어진 용어라면 'contagion'이나 'infection', 혹은 한국어의 '돌림병' 등은 질병의 전파 양상에 초점이 맞추어져 만들어진 용어라고 할 수 있다. 질병이 전달된다는 의미를 담은 이러한 용어는 질병의 원인과 관련한 일정한 인식을 보여주고 있다. 물론 질병이 사람에게서 사람으로 옮겨지는 과정에서 '무엇이' 옮겨지는가에 대한 정확한 지식은 없었지만, 발병 양상을 지켜보며 질병의 '전염성'에 대한 인식은 경험적으로 얻을 수 있었을 것이다. 그러나 질병의 전염성에 대한 인식은 고대로부터 있어왔지만 '무엇이' 전염되는가를 확인할 수 없었다. 2세기의 의학자 갈레노스는 역병에 대해 언급하며 '역병의 씨'라는 표현을 사용하여 역병이 전달 가능한 어떤 인자에 의해 일어난다는 의견을 제시한 바 있다. 그러나 이러한 의견은 19세기 말 병원성 미생물의 존재를 현미경으로 확인할 때까지 가설로만 남아 있었다. 사실 많은 사람들에게 한꺼번에 발병하는 역병을 설명하는 데 더욱 설득력 있는 것은 눈에 보이지 않지만 전파될 수 있는 '질병의 씨'와 같은 개념보다는 많은 사람들이 공유하는 요소에 의한 설명이었다.

많은 사람에게 동일하게 작용할 수 있는 요인으로는 계절의 변화, 공기, 기후 등이 있다. 히포크라테스 의학에서는 특히 역병의 발병을 환경적 요인을 통해 설명했다. 그리고 각 계절의 특징에 따라 많이 생기는 질병이 달라진다고 했다. 이러한 환경적 요인 중 가장 중요한 것이 공기이다. 공기는 모든 사람들이 마시는 것이므로 사람들이 동시에 '나쁜 공기'를 들이마실 경우 동일한 질병에 걸릴 수 있다는 것이다.

이 나쁜 공기, 좀더 정확히 말하면 공기에 포함된 해로운 성분을 서양에서는 '미아즈마(miasma)'라 불렀다. 미아즈마의 기원은 다양한데 땅에서 올라올 수도 있고, 늪과 같이 고인 물이 부패하면서 생겨날 수도 있다. 또한 시체가 부패하면서 생겨나기도 한다. 실제로 미아즈마는 역병이 집단적으로 발병하는 양상을 충분히 잘 설명할 수 있는 효과적인 개념이었다. 그리고 미아즈마 이론에 기초한 19세기 유럽의 위생개혁운동도 충분히 긍정적 효과를 발휘할 수 있었다. 왜냐하면 거리에 방치된 오물이나 부패물에서 미아즈마가 발생하므로 이를 제거하여 청결한 환경을 확보하는 것은 질병의 예방에 큰 도움이 되었기 때문이다. 이처럼 미아즈마 이론은 충분히 설득력 있는 학설이었기 때문에 19세기에 세균이 발견되고도 상당 기간 세균설과 경쟁하며 생명을 유지했다.

다른 한편으로 세균설로 대표되는 접촉감염설도 오랜 역사를 갖고 있다. 앞서 언급한 바와 같이 이미 2세기의 의학자 갈레노스가 그 가능성을 암시한 바 있지만 이러한 개념을 분명하게 표현한 것은 아니었다. 접촉을 통해 감염되는 질병에 대한 이론을 처음으로 분명하게 제시한 사람은 16세기의 의학자 프라카스토르(Fracastor)였다. 그는 자신의 저서 『De contagione et contagionis morbis et curatione』(1546)에서 살아 있는 생명체가 사람에게서 사람으로 질병을 옮길 수 있다는 의견을 제시했다. 그의 의학 이론은 전체적으로 전통적인 '감응설 (sympathy)'에 근거해 있었다는 점에서 시대적 한계는 어쩔 수 없었지만 이러한 생각은 충분히 흥미로운 것이었다.*

* François Delaporte, "Contagion et infection", *Dictionnaire de la Pensée Médicale*, PUF, 2004, pp. 283~287.

물론 접촉설이 과학적으로 입증되는 것은 파스퇴르(Louis Pasteur, 1822～1895)와 코흐(Robert Koch, 1843～1910)에 의해 병원성 미생물의 존재가 확인된 이후이지만, 앞서 언급한 것처럼 미아즈마설이 가지는 설득력 때문에 근대적 세균설의 등장 이후에도 미아즈마설이 세균설로 완전히 대치되는 데에는 적지 않은 시간이 필요했다. 눈에 보이지 않는 작은 세균이 질병의 원인이 된다는 사실을 사람들이 이해하는 것은 미아즈마에 의해 질병이 생겨난다는 것을 이해하는 것보다 더욱 어려웠다. 미생물의 존재 자체는 현미경이 발명된 17세기부터 알려져 있었지만 이 작은 생명체가 질병을 일으키며, 이들이 사람에게서 사람으로, 혹은 다른 방식으로 사람에게 전파되면서 질병도 전달된다는 사실은 19세기 말에 이르러서야 분명하게 인식되었다.

세균이 질병의 원인이 된다는 사실을 입증하는 데에는 특히 코흐의 공헌이 컸다. 코흐는 다음과 같은 조건을 충족시키는 경우에 한해 어떤 세균이 질병의 원인이 될 수 있다고 주장했다.

1) 병원균은 질병을 앓고 있는 환자나 동물에서 반드시 발견되어야 한다.

2) 병원균은 질병을 앓고 있는 환자나 동물로부터 순수배양법에 의해 분리되어야 한다.

3) 분리된 병원균을 감수성 실험동물에 접종하면 동일한 질병을 일으켜야 한다.

4) 실험적으로 감염시킨 동물로부터 동일한 병원균이 다시 분리배양되어야 한다.

이러한 엄밀한 기준을 적용하는 방법을 통해 코흐는 세균이 질병을 일으키고 또한 전파할 수 있다는 사실을 입증하고자 노력했다. 그런데 코흐의 방법은 전염병의 원인을 오직 세균의 독성에만 돌리는 문제가 있었다. 즉 전염병의 발병에는 병원성 세균의 존재뿐 아니라 숙주의 면역력이 중요한 인자인데 코흐는 이 부분을 간과했던 것이다. 즉 동일한 독성을 가진 병원성 세균이 침범하더라도 숙주의 면역력에 따라 질병이 발병하기도 하고 발병하지 않기도 한다. 숙주의 방어력에 대한 내용은 후에 면역학의 발전으로 그 구체적 내용이 밝혀진다.

이후 20세기에 들어와 페니실린을 비롯한 항생제의 개발은 전염병 치료에 획기적인 전기를 가져왔으나 항생제의 과용으로 인한 내성균주의 출현은 또 다른 문제를 야기했다. 아울러 에이즈, 사스와 같이 과거에는 존재하지 않던 전염병이 새롭게 등장하는 경우도 잦아지고 있다.

삼국시대와 통일신라시대의 전염병

삼국시대와 통일신라시대의 전염병 관련 기록은『삼국사기』에 주로 나타난다. 이 문헌에 나타나는 전염병은 단독으로 발병하기보다는 전쟁과 기근, 이상 기후 등의 상황과 결합하여 유행하는 경우가 많다. 이 가운데 전쟁과 기근은 역병의 발생만이 아니라 사람들의 면역력을 떨어뜨리는 계기를 제공함으로써 역병의 유행을 더욱 용이하게 만들었다고 볼 수 있다. 즉 면역이 저하된 상태에서 유행한 전염병이나, 혹은 이전에 경험하지 못한 새로운 전염병이 외국 군대와의 전쟁을 계기로 외부에서 들어옴으로써 더욱 큰 피해를 입혔을 것이다.

이 시기는 삼국 간의 잦은 전쟁으로 전염병이 용이하게 발생할 수 있는 환경이 조성되었을 뿐 아니라, 후에는 당나라 군대가 한반도에 들어옴으로써 중국 대륙으로부터 새로운 전염병이 유입되었을 가능성도 크다. 또한 일본과의 교류도 활발하였으므로 이 시기는 당에서 발신된 문화의 교류뿐만이 아니라 전염병의 교류도 활발했을 것으로 추측된다.

그렇다면 이 시기에는 어떤 전염병이 유행했을까? 당시 유행한 전염병의 종류를 짐작케 하는 단서가 별로 없기 때문에 확증을 하기는 어렵다. 특히 『삼국사기』에는 유행한 전염병을 '역'으로만 표현하고 있어 어떤 전염병이었는지 파악하기는 쉽지 않지만 드물게 전염병의 특징에 대한 단서를 제공하는 경우도 있다. 그것은 '질진(疾疹)'으로, 이는 발진성 전염병으로 짐작된다. 물론 발진성 전염병에도 여러 종류가 있으므로 오늘날의 어떤 질병명에 정확히 상응하는지는 알 수 없다. 아마도 두창, 홍역, 발진티푸스 등일 것으로 추측된다. 이들 발진성 전염병은 전쟁을 포함한 대외 교류를 통해 중국에서 들어와 한반도를 거쳐 일본으로 전파되었다. 특히 735년부터 737년까지 2년간 일본을 휩쓸었던 두창은 신라에서 일본으로 전래되었는데, 일본은 총인구의 반이 사망하여 경제적으로도 큰 타격을 입었다. 신라 역시 주기적으로 두창이 유행했던 것으로 보인다. 758년 선덕왕은 발진이 난 지 13일 만에 사망했으며, 857년 문성왕은 7일 만에 급작스럽게 사망했던 사례에서 알 수 있듯이, 발진성 전염병(특히 두창)이 주요한 사회 문제가 되었던 것은 통일신라기에 이르러서였다.

이처럼 통일신라 사회에 전염병이 빈발하게 된 이유로는 당시의 국제적 정세를 꼽을 수 있다. 신라는 당나라의 도움으로 통일전쟁을 성공적으로 수행할 수 있었다. 물론 통일 이후 당나라 군대를 몰아내기 위해 당과 전쟁을 하기도 했지만, 통일신라시대에는 당나라와 활발한 물적·인적 교류를 했다. 그러한 과정에서 당나라에서 유행하던 전염병이 신라에도 지속적으로 유입되었다. 당시 당나라는 가장 강대한 세계 제국으로 서역과의 활발한 교류가 이루어지며 질병들 또한 외부로부터 많이 유입되었을 것으로 생각된다. 전염병이 외부에서 유입된 상태에서 이상 기후와 기근, 홍수 등과 같은 각종 자연재해가 일어나면서, 역병은 더욱 폭발적으로 빠르게 퍼져 많은 희생자를 낳았을 것이다.

대규모의 전염병 발생은 사회 전반에 걸쳐 커다란 영향을 미친다. 예를 들어 두창과 같은 전염병이 창궐하면 영양 상태가 불량한 가난한 농민층이 가장 많이 희생된다. 갑자기 수많은 농민이 사망하면 농사지을 인력이 부족하게 되고, 이는 곧 생산력의 감소로 이어져 기근을 초래한다. 역으로 이상 기후나 각종 자연재해로 대기근이 들었을 경우, 역병이 연달아 발생하기 쉽다. 이처럼 역병이 만연하는 상황에서, 사회 동요를 진정시키기 위해 집권층이 해야만 했던 가장 근본적인 대응책은 식량과 필요한 의약품을 보급하는 것이었다. 집권층이 이에 적절히 대처하지 못하면 폭동이 일어나는 등 엄청난 사회적 소요에 직면했을 것이다. 기근이 유행하면 먹거리와 일자리가 비교적 풍부한 대도시 즉, 수도로 인구가 집중했으며, 이는 경주에 역병이 빈발했던 원인이 되기도 했다.

이러한 상황에서 삼국통일 이후 무열왕계가 왕권을 독점했던 신라 중대(654~779)에는 역병에 대한 대응책으로 첫째, 도성을 중심으로 대규모 구휼정책을 시행했다. 둘째, 전국적으로 약사불상을 건립하고 약사신앙을 장려함으로써 민심을 순화시키고자 했다. 셋째, 의료 인력 양성을 확충하는 등 제반 의료제도를 정비했다. 넷째, 극소수 전문 집단이 소유했던 의학 지식을 정리하고 표준화하는 의학서 편찬 작업을 지속했다. 특히 민간에서 쉽게 사용할 수 있는 치료법 개발과 이의 보급에 힘썼던 것으로 보인다.

왕권이 무열왕계에서 내물왕계로 바뀌었던 하대(780~935)에서도 이러한 시도는 지속되었다. 해상왕 장보고(?~846)의 존재에서 알 수 있듯이 9세기에는 한중일 삼국 간의 무역이 더욱 빈번해졌다. 이에 따라 삼국 간의 전염병 전파 속도 역시 빨라졌다. 그러나 반복되는 재앙에 신라 집권층은 사회적 대응책을 효율적으로 시행하지 못했던 것으로 보인다. 하대에 들어 치열한 왕위 쟁탈전으로 왕권이 약체화되면서, 사회 전반에 걸쳐 국가 체제가 제대로 작동되지 못했던 점이 그 주된 요인이었다. 즉 하대에 이르러 지배층의 분열과 왕권 약화, 이에 따르는 국가 체제의 이완과 지방 세력의 강화 등이 신라 사회가 후삼국으로 분열하게 되는 궁극적인 요인이 되었는데, 여기에는 전염병의 지속적인 발병과 이에 대한 대응책의 실패도 하나의 요인으로서 내재되어 있었던 것이다.

고려시대의 전염병

고려시대 역시 전염병이 발생한 주된 원인은 기근과

전쟁이었다. 특히 고려는 거란, 여진, 몽고, 홍건적, 왜구 등 다양한 상대와 전쟁을 했고, 이들을 통해 여러 전염병이 고려에 유입되었을 것이다. 고려시대에 주로 유행했던 전염병은 이전과 마찬가지로 발진성 전염병이었을 것으로 추측된다.

고려시대에는 이전에 비해 전염병과 관련된 기록이 보다 풍부하다. 당시 유행했던 전염병의 종류를 짐작할 수 있게 해주는 기록도 존재한다. 삼국이나 통일신라시대에는 전염병을 지칭하는 용어로 '역'이라는 한 글자만 사용되었다. 이 때문에 유행한 전염병이 무엇인지를 추정할 단서가 없었다. 이에 비해 고려시대에는 전염병의 특징을 말해주는 수식어들이 '역' 앞에 붙어 유행한 전염병의 종류를 추정할 수 있게 되었다. '장역(瘴疫)'이나 '온역(瘟疫)'과 같은 용어들이 그러하다. 원래 '장역'이란 덥고 습한 중국의 남방 지방에서 유행하는 질병을 지칭하는 말이었다. 덥고 습한 늪지에서는 모기와 같은 각종 곤충들이 많이 서식하고, 이들이 매개하는 대표적인 질환이 학질이므로 장역을 학질로 보기도 한다. 장역을 학질과 동일시하기는 조심스런 부분도 있지만, 조선시대에 학질에 관한 기록이 많은 것으로 보아 풍토병인 학질은 고려시대에도 있었을 것이다. 이는 고려시대의 의서인 『향약구급방』에 학질을 치료하는 처방이 실려 있는 것을 보더라도 알 수 있다. 물론 앞서 말한 바와 같이 외국 군대와의 전쟁으로 새롭게 유입된 전염병도 있었겠지만, 장역과 같이 이전부터 존재하던 풍토병이 보다 자세하게 기록된 경우도 있었을 것이다.

그렇다면 당시에는 전염병 발병의 원인을 무엇이라고 생각했을까? 당시에는 전염병의 발생을 한 가지가 아닌 다양한 원인의 결과로 여겼던 듯하다. 원귀가 일으킨다는 원귀론과 유교의 재이론적 질병관에 더하여 도교와 불교적 이해 방식 모두 전염병의 발생을 설명하는 데 동원되었다. 질병이 낫기를 기원하는 대상에는 도교의 옥황상제와 불교의 각종 부처님, 지리산 산신을 비롯한 수많은 민간 신앙의 잡신까지 포함되었다. 이러한 신앙은 아픈 환자와 이를 간호하는 가족에게 정신적 위안을 주었다.

고려시대에 이르면, 아프면 치료해야 한다는 것은 상식이었다. 이를 위해 국가적 의료 체제를 정비하고 의학 전문가를 양성하려고 노력했다. 장역과 온역을 치료하기 위하여 중국의 최신 의학서를 도입했지만, 당시 의학의 수준으로는 역병 치유에 큰 도움을 주지 못했던 것으로 보인다. 따라서 역병을 막는다는 뜻을 가진 벽온(辟溫) 처방이나 풍습이 발달했는데, 이는 세시 풍속으로 정착되었다. 예컨대 연말에 납약을 복용하거나 연초에 역귀를 쫓는 폭죽놀이를 했으며, 복숭아 나뭇가지를 대문 위에 꽂아두는 중국의 풍습이 고려에 그대로 수용되었다.

고려는 신라 의학의 전통을 계승하여 동아시아 중세 의학의 전범이었던 당 의료 체제를 준거 틀로 삼아, 일찍부터 인정(仁政)을 명분으로 한 중앙집권적 의료 체제를 구축했다. 국가의 최고 집권자는 의료 전문인을 직접 양성하고 이들을 관료로 채용했으며, 조공무역과 공납을 통해 수입 약재와 향약재를 독과점함으로써 의료의 헤게모니를 장악했다. 집권자는 신료의 충성에 대한 시혜로 의료 혜택을 줌으로써 의료를 통치 수단의 매개로 사용했다. 고려 후기에 이르러 최고 권력이 국왕에서 최씨 정권에게 넘어감에 따라 시혜의 주체도 국왕에서 최씨 집정자로 변경되었다.

고려 의료제도의 특징은 모든 것이 관료제 아래에서 이루어졌다는 점이다. 문관 5품 이상 무관 4품 이상의 고급 관료를 위해 관료 의사가 파견되어 치료를 하도록 법제화했으며, 일반 백성을 위해 제위보와 동서대비원, 혜민국 등이 설치되었다. 그러나 국가로부터 직접적인 의료 혜택을 받을 수 있었던 계층은 소수의 고급 관료층에 국한되었기에, 대부분은 민간 의료에 의지할 수밖에 없었다.

조선시대의 전염병

고려 말 조선 초는 이른바 왕조의 교체로만 상징되는 시기는 아니었다. 경제적 생산력이 증가하고, 한편으로 지역 사회를 기초로 한 사회 구조의 변화와 이를 둘러싸고 벌어진 사회 통합을 위한 여러 개혁론이 충돌하는 가운데 최종적으로 조선의 건국이 이루어진 것이다.

이러한 사회적 변화 속에서 전염병의 전개 역시 새로운 양상으로 변화될 기반이 조성되고 있었다. 게다가 조선의 건국에 이은 수도 이전을 위해서는 많은 국역의 동원이 필요했으며, 이에 따르는 전염병의 유행은 필연적이었다고도 할 수 있다. 한편 농업 생산력의 증가를 토대로 한 인구의 증가 역시 전염병의 빈발로 연결되고 있었다. 15세기 전반기에 황해도 지역에서 주기적으로 발생했던 악병(惡病), 16세기 평안도에서 엄청난 피해를 낳은 온역 역시 인구의 증가가 뒷받침되었기에 가능한 일이었다. 황해도와 평안도는 세종대 사군육진(四郡六鎭)의 개척 이후 여러 차례 진행된 사민정책으로 인하여 인구의 이동이 많은 곳이었으며, 농업 생산의 기반이 점차 안정화되어가던 지역이었기 때문에 인구 증가 및 인구 이동의 증가로 인하여 전염병이 발생할 소지가 높았던 것이다.

악병으로 대표될 수 있는 15세기에 이어, 16세기에 들어서면서는 온역이 전국적으로 발생하여 악명을 떨치게 된다. 이 시기는 그야말로 조선의 전 국토를 전염병이 휩쓸었던 시기로, 그 사상자를 헤아릴 수 없을 정도였다. 16세기 조선 사회에서 진행되었던 대다수 노비의 도망이 증가하는 현상과 확대되어가는 지주제의 전개 속에서 상품화폐 경제가 활성화됨으로써 등장한 장시(場市)와 같은 존재는 전염병의 유행을 더욱 부채질했다. 노비의 도망이나 장시의 등장은 지역적으로 좁은 생활권을 유지하던 삶을 보다 넓은 공간으로 확대시키는 사회적 기능을 하면서, 동시에 전염병이 훨씬 수월하게 넓은 공간으로 계속해서 퍼져나갈 수 있는 기회를 제공했기 때문이다.

이처럼 질병, 그중에서도 전염병은 국가와 사회가 처한 여러 현실과 그 변화의 양상에서 절대로 떨어뜨려놓고 생각할 수 없다. 이런 까닭에 조선 전기 전염병사를 서술할 때는 개별적인 전염병에 대한 고찰도 필요하겠지만, 전염병을 둘러싸고 있는 사회 환경의 변화와의 관련성도 언급함으로써 보다 구체적인 이해를 이끌어내는 것도 중요하다. 물론 후자는 전염병에 대한 개별 고찰이 이루어지고 나서 가능할 것이다. 따라서 여기서는 조선 전기 의료 체제 정비와 전염병 전문 기구인 활인서에 대해서 정리한 후, 개별적인 전염병에 대한 고찰을 우선으로 하면서 이해에 요구되는 최소한의 역사, 사회적 설명을 덧붙이도록 한다.

조선의 국가 체제가 정비되는 과정에서 의학의 연구와 의원의 양성, 그리고 환자의 치료를 위한 의료기구들이 차례로 마련되고, 그 기능들이 정리되어갔다. 잘 알려진 것처럼 왕실의 치료를 담당하는 내의원과 조관을 치료하고 약재를 나눠주는 일을 맡았던 전의감, 그리고 일반 백성을 치료하는 한편 향약을 거두어들이고 분배하는 일을 담당한 혜민서가 그 중심이었다. 그러면서도 활인서를 설치하여 전염병에 걸린 사람들의 치료를 전담하도록 한 것은 특이할 만한 일이었다. 이는 국가를 운영하기 위해서 전염병 대책이 반드시 필요하다는 인식이 발전된 결과이기도 했으며, 또한 사회 구성의 변화와 인구의 증가 등으로 인한 전염병 발생이 점점 확대된 현상으로 말미암은 것이기도 했다. 이처럼 전염병 전문기관의 설치는 중세 국가의 관료제적 운영이 더욱 치밀해졌음과 함께, 이제 전염병이 국가에서 관리해야 할 만큼 중요한 사회 요소로 자리잡았음을 의미하는 것이었다.

조선 전기에 유행한 전염병의 범주는 크게 셋으로 구분하여 볼 수 있다. 이와 같은 범주를 분명하게 드러내어 밝힌 것은 아니지만, 발생했던 전염병의 지역적, 사회적 범위를 위주로 한 것이다. 그 첫번째 범주에 들어가는 것이 온역과 두창이다. 온역은 16세기 중반 전국적으로 유행하면서 엄청나게 큰 인명 피해를 불러온 질병이었으며, 이전의 연구들을 통해서 티푸스 계열로 어느 정도 질병에 대한 정체가 밝혀져 있다는 점에서 매우 중요했다. 다음으로 두창은 온역과 달리 왕실도 피해 갈 수 없는, 그래서 전근대 신분제의 굴레를 질병이라는 차원에서 무너뜨리는, 그러면서도 높은 치사율과 후유증을 안겨준 대표적인 소아전염병이자 전국적인 전염병이었다.

두번째 범주에는 국가 중심의 기록인『조선왕조실록』과 같은 연대기에서는 자주 등장하지 않지만, 일상에서 쉽게 접할 수 있는 질병으로 학질, 임질, 소화기 전염병 및 기생충병 등이 있다. 학질은 일반에게 많이 알려졌음에도 불구하고『조선왕조실록』과 같은 기록에는 그다지 자주 등장하지 않는데, 일기류 자료에서는 자주 보인다. 학질은 단시간에 많은 희생자를 만드는 전염병은 아니지만 조선시대 개인들에게는 일상화된 전염병이었기 때문일 것으로 짐작된다. 임질은 논란의 여지가 있다. 근대 의학에서의 임질은 분명 성 접촉에 의해서 전염되는 전염병이지만, 전근대 의학에서 일컫는 임질은 질병의 범위가 더 광범위하기 때문이다.

마지막 범주에는 특정 지역에서 발병률이 높았던 질병으로, 나병과 15세기 황해도 지역에서 유행했던 악병이 있다. 사실 나병은 풍토병이 아니지만 적어도 기록이 보여주는 사례는 집단적 나병 발생에 대해 제주도만을 언급하고 있다. 물론 다른 지역에 나병 발생이 없었던 것은 아니지만, 제주도의 사례와는 무척 다르다는 점에서 특이한 현상이었다. 다음으로 악병은 대체로 뇌척수막염 등의 질환일 것으로 추정되고 있다.* 질병의 명칭과 원인에 관계없이, 적어도 기록에서 보여주는 당시의 실상은 유독 황해도 지역에서 집중적으로 빈발했다는 사실이다.

임진왜란 이후에는 새로운 전염병인 성홍열이 등장한다. 허준은 당시 열독(熱毒)이 심한 성홍열을 치료하기 위하여 빠른 효과를 내는 한

---

* 三木榮,『朝鮮疾病史』, 1991, 73쪽.

하(汗下) 치료법을 개발했다. 그리고 그 방법을 정리하여 『벽역신방(
辟疫神方)』을 저술했다. 17세기는 조선 사회가 전쟁과 이상 기후의 재
난 속에 처했던 시기이다. 이상 기후는 농업 생산력에 심각한 타격을
주었고 이는 사람들의 질병에 대한 저항력 약화로 이어졌다. 특히 두
창은 조선 전 시기에 걸쳐 가장 위험한 전염병이었다. 17세기도 예외
는 아니어서 여러 차례 두창의 유행이 있었다. 17세기에는 조선 후기
에 가장 널리 활용된 두창 치료서가 저술되었다. 유의(儒醫) 박진희
의 『두창경험방(痘瘡經驗方)』이 그것으로, 후일 백과사전식 일용서에
두루 인용되었다. 17세기 이후 조선의 지식인들 중에는 의학이나 농
업과 같은 '실용적인 지식'에 관심을 가진 사람들이 늘어났다. 이들은
이른바 실학으로서의 의학이라는 관점에서 전염병 치료 혹은 다양한
경험방들의 수집 정리를 통해 의서 저술에 나섰다. 유학자이면서도
의학에 관심과 이해가 깊은 유의들이 이러한 활동에 참여했다.

18세기는 두창이나 홍역 치료에 전념한 시기였다. 특히 정조대의
홍역 유행은 두창보다 심각한 피해를 주었다. 17세기 말 임서봉의 『임
신진역방(壬申疹疫方)』을 필두로 몽수 이헌길, 다산 정약용의 노력과
이를 이은 포천 유의 이종인의 종두 시술은 조선 후기 전염병에 대응
하기 위한 의학적 노력들을 잘 보여주고 있다.

19세기 초 조선 사회는 난생처음 겪는 괴질(怪疾)로 큰 두려움에 휩
싸였다. 콜레라로 밝혀진 이 역병은 중국으로부터 의주를 거쳐 서울
및 전국에 유행했다. 당시 특별한 치료법이 없었던 콜레라는 공포의
역병이었다. 다산 정약용과 이규경 등이 중국의 의서들을 참고하여
치료법을 소개했으나 별로 효과가 없었다. 당시 콜레라는 부산의 왜

관을 거쳐 일본에 전파되었고, 큐슈 지역을 거쳐 시모노세키 등 내륙
으로 번져나갔다. 당시 콜레라 유행은 동북아시아를 포괄하는 전염병
의 양상을 잘 보여주었다.

개항기의 전염병

　　　　　　1876년 개항부터 1910년 한일병합에 이르기는 시기
는 전염병 유행과 통제에서 획기적인 변화가 있던 시기였다. 무엇보
다 이 시기에 법정전염병이 제정되어 제도적인 질병 관리가 추구되는
등 질병 관리에 '근대적' 방안들이 모색되기 시작했다는 점이 가장 중
요할 것이다.

　개항 이후 조선 정부는 제중원 의사인 알렌 등을 고빙하여 방역 행
정을 실시했고, 1886년 「온역장정」이 제정되고, 1895년 「검역규칙」이
반포되는 등 법적인 제도 정비가 잇달았다. 그중에서도 1899년 대한
제국은 「전염병예방규칙」을 공표하여, 두창 · 장티푸스 · 발진티푸스
· 콜레라 · 적리 · 디프테리아 등 여섯 종을 법정전염병으로 제정하는
등 근대적 질병 관리를 위한 조치를 시행했다. 또한 전염병 치료를 위
한 서양식 의약품이 대거 등장하여 국산 의약품의 황금 시기를 열었다.
국가 역시도 효과적인 질병 통제를 위해서 서양식 전염병예방법과 치
료법을 적극적으로 채택했으며, 질병 치료에 한약과 서양식 의약품을
병용하는 등 약물치료가 대중화되는 특징을 보였다. 수입 약품 회사
에서 서양 약품을 수입 및 소개했고, 일본인 매약상 등과 경쟁하는 과
정에서 국산 매약이 등장했으며, 서양식 약물치료가 크게 유행했다.
　이 시기의 대표적인 급성전염병으로는 두창, 콜레라, 페스트 등이

있다. 1908년 통감부 조사에 의하면, 두창 환자는 전체 전염병 환자의 57.7퍼센트를 차지했고, 두창 사망자는 전체 전염병 사망자의 29퍼센트를 차지할 정도로 전염병 중에서 중요한 위상을 가진다. 두창을 억제하기 위해 실학자들은 인두법에 주목했고, 우두법도 급속히 퍼져나갔다. 콜레라는 19세기 이후 새롭게 등장한 대표적인 급성전염병으로 치사율이 매우 높아 여러 나라에서 치명적인 급성전염병이었다.

페스트는 중국과 일본에서 매우 심각한 전염병이었고, 1895년 홍콩, 1898년 중국 동북 지역, 1898년 일본 고베 등지에서 유행하고 있었기 때문에, 당시 한국에서 선페스트가 유행할 가능성은 매우 높았다. 1899년 법정전염병 제정 당시 페스트는 법정전염병에 포함되지 않았다. 1910~1911년 만주에서 폐페스트가 유행하여 중국 동북 지역에서 6만 명 이상의 사상자를 내고 있었기 때문에, 개항 이후 대한제국기 폐페스트는 위협적인 존재로 급부상했다. 1915년부터는 페스트가 법정전염병에 포함되기 시작했다. 두창, 콜레라 이외에 장티푸스·발진티푸스·적리·디프테리아 등에 대한 법적인 제도 정비가 급진전되었으며, 말라리아나 기생충병 등 감염성 질환 역시 크게 유행했다.

이 시기의 대표적인 만성전염병으로는 성병, 결핵, 한센병 등이 있다. 성병은 병변이 잘 드러나지 않고, 사적인 성행위를 통해 전염되기 때문에 국가 입장에서는 통제하기 어려운 질병 중의 하나로 여겨진다. 더욱이 개항 이후 대한제국기에는 성병에 관한 정확한 통계 자료가 없기 때문에 성병이 어느 정도 유행했는지 가늠하기조차 어렵다. 다만 19세기 말의 몇몇 자료를 통해 성병이 상당히 만연해 있었음을 짐작할 수 있다. 결핵은 20세기 초 사망 원인 분류에서 줄곧 1~2위를 차지할 정도로 적지 않은 사람들이 이로 인해 고통받았던 질병이었다. 그러나 조선에서 결핵은 법정전염병에 포함되지 않았을 뿐만 아니라 폐결핵에 관한 법령은 1918년에 와서야 성립되었을 정도였다. 따라서 개항 이후 대한제국기의 폐결핵에 관한 공식 자료 역시 찾아보기 어렵다. 개항 이후 대한제국기까지 한센병 환자가 없었던 것은 아니지만, 한센병 문제가 사회적 쟁점으로 등장하지는 않았다. 한센병이 개항 이후 대한제국기에 문제가 되기 시작한 것은 서양 선교의사들에 의해 '재발견'되었기 때문이다.

일제강점기의 전염병

일제강점기 동안 방역을 위한 기본 법규로 작용할 전염병예방령은 1915년 6월 반포되었다. 전염병예방령의 반포를 통해 법정전염병의 종류가 확정되었다. 콜레라, 이질, 장티푸스, 파라티푸스, 두창, 발진티푸스, 성홍열, 디프테리아 및 페스트였다. 나아가 이 법령을 계기로 일제는 전염병에 대해서 조직적인 방역 조치를 시행할 수 있는 법률적인 토대를 가지게 되었다. 각 개인은 방역 활동 과정에서 호주·관리인, 경찰·검역위원, 경무부장, 총독으로부터 이어지는 방역 조직 속에 편제되게 되었다.

일제강점기 전염병 방역을 포함한 위생 분야를 담당한 기구는 경찰이었다. 경찰은 1911년 4월 사무분장규정의 개정을 통해 위생 활동을 장악하게 되었다. 1912년 4월에는 검역 사무마저 관할하게 되었다. 이러한 과정은 효율적인 위생 사무의 진행을 가능하게 하기는 했다.

하지만 이는 식민 지배와 관련하여 식민지 조선의 위생 사무가 개인이나 지역의 자율적인 이해에 기초하기보다는 경찰의 단속을 중심으로 이루어진다는 것을 의미했다.

일제강점기에는 급성전염병의 발병 가능성은 더욱 높아졌다. 도로 정비, 철도 부설 등으로 교통이 발달했고, 무역이 증대했기 때문이다. 전체적으로 볼 때 급성전염병 중 두창, 콜레라의 경우 이 시기에 발생 횟수와 사망자 수가 감소되었다. 검역 및 예방접종의 결과였다. 그러나 그 밖의 전염병에서는 감퇴를 보기 힘들다. 이질이나 장티푸스 같은 전염병은 확산하는데, 이러한 상황은 일제가 선전한 공중보건사업의 성과가 뚜렷하지 않았음을 알려준다. 이질이나 장티푸스 같은 전염병의 근본적인 예방을 위해서는 상하수도 설비의 개선 등이 필수적이었다. 하지만 공중위생을 위한 시설 기반 마련을 위해서는 지속적인 시간적, 재정적 투자가 필요했다. 일제강점기 동안 방역과 관련하여 일제가 주력한 분야는 상하수도 설비와 같은 기본 시설보다는 검병적 호구 조사 같은 경찰의 강압적인 단속이었다.

일제강점기의 대표적인 만성전염병으로는 한센병, 결핵, 성병을 들 수 있다. 한센병에 대한 대책은 1916년 소록도 자혜의원의 설치로 나타났다. 1935년 6월 반포된 조선나예방령은 예방을 위해 필요하다고 생각할 경우 한센병 환자를 나요양소에 강제로 입소시킬 수 있도록 규정했다. 결핵에 대한 관심은 1930년대 일본이 전쟁을 만주, 중국으로 확대해가면서 높아졌다. 전쟁에 동원할 인적 자원인 청년의 체력을 저하시키는 주요 질병으로 결핵이 지목받았기 때문이다. 이 시기 성병은 가장 만연한 만성전염병이었다. 성병을 일반적으로 화류병이라고 불렀는데, 이런 명칭에는 성적 방종의 이미지가 부가되어 있었다. 매춘부의 경우 성병 전파의 주요 대상자로 지목받아 감시의 대상이 되었다.

1920년 서울에서는 조선인을 위한 사립 피병원(避病院) 설립운동이 전개되었고, 1927년 함경남도 영흥에서는 폐디스토마 치료제로 시술된 에메틴 주사 중독에 항의하는 조선인들의 운동이 전개되었다. 사립 피병원 설립운동이 전개된 결과 1927년 세브란스병원에 경성부민병실이 건립되었고, 에메틴 중독에 항의하는 조선인들을 달래기 위해 일제는 잠정적으로 에메틴 주사를 중지했다. 시기는 다르지만 두 운동 모두 일제가 진행한 경찰 위주의 방역 활동에 저항하기 위해 일어났다.

이상으로 우리나라 역사에 나타난 전염병의 양상을 일제강점기에 이르기까지 각 시대별로 간략히 살펴보았다. 다양하고 방대한 자료가 존재하는 조선시대 이후에는 유행한 개별 전염병에 대한 확인도 어느 정도 가능하며, 그를 통한 사회적인 영향도 비교적 구체적으로 파악하는 것이 가능하다. 개별 질환들의 역사와 그 유행, 사회적 영향에 대해서는 이제 조금씩 연구가 이루어지고 있는 상황이다. 이러한 개별 연구의 성과들이 좀더 축적되면 전염병을 통해 한국사를 조망하는 작업도 가능해질 것으로 기대한다.

결핵과
일제강점기
한국 문학

서홍관
국립암센터 국가암관리사업본부장

결핵에 걸린 문인들

결핵은 기원전 7천년경 석기시대 화석, 기원전 5천 년경 고대 이집트 및 페르시아 미라에서도 흔적이 발견되는 오래된 병으로, 인류 역사상 가장 많은 생명을 앗아간 질병의 하나였다. 19세 기 중반까지만 하더라도 그 정확한 원인이 규명되지 않았으나, 1882 년 독일의 세균학자인 로버트 코흐(Robert Koch)가 결핵균을 발견했다. 1943년 스트렙토마이신이 발견됨으로써 본격적인 결핵 치료가 시작 되었고, 1946년 화학적으로 합성한 새로운 항결핵제 파스(PAS)가 만 들어졌다. 이어 1952년 이소니아지드가 만들어지면서 결핵 치료의 성 공률은 획기적으로 높아졌다.* 이 글은 스트렙토마이신이 만들어지기 전 안정, 좋은 공기, 영양이라는 3대 자연요법을 사용했으나 결핵이 여전히 불치병이던 일제강점기의 이야기다.

* 대한결핵협회 편, 『한국결핵사』, 대한결핵협회, 1998.

유독 결핵은 '글쟁이들의 직업병'이라고 불릴 만큼 문인들에게 흔한 병이었다. 외국의 문인들 중에서도 도스토옙스키, 체호프, 카프카, 실러, 키츠, 바이런, 에드거 앨런 포, 샬롯 브론테, 에밀리 브론테, 앤 브론테(즉, 브론테 자매 모두), 발자크, 몰리에르, 휘트먼, 조지 오웰 등이 모두 결핵으로 세상을 떴다.

우리나라 문인들도 큰 피해를 입었다. 일제강점기에 주로 활약한 문인들 중에서 결핵을 앓다 사망한 문인들로는 나도향(24세 사망), 이상(26세 사망), 김유정(29세 사망), 박용철(34세 사망), 오장환(35세 사망), 현진건(43세 사망), 채만식(48세 사망), 이용악(56세 사망), 이광수(58세 사망) 등이 있다.

문학 속 결핵의 이미지

수전 손택은 질병이 문학 속에서 자연현상으로서의 질병이 아니고 하나의 은유(메타포)로서 존재한다고 주장한다. 그녀는 특히 결핵과 암이 특징적으로 이러한 경향을 띤다고 했다.[*]

문학에서 결핵은 단순히 결핵균에 의하여 걸리는 질병이 아니라 하나의 독특한 의미를 가지고 등장한다. 결핵은 흔히 빈곤이나, 여윈 신체, 영양 결핍, 불을 때지 못하는 방, 어둑한 침실과 관련이 있는 질병이라고 상상된다. 그러나 이미 18세기 중반부터 결핵은 낭만적인 사랑과 열정의 상징으로 자리잡게 된 것 같다. 결핵은 감수성이 예민하고 창조력이 풍부한, 특이한 인물의 소유물이라는 생각이 널리 유포

---

[*] 수전 손택, 『은유로서의 질병』, 이재원 옮김, 이후, 2002, 16~20쪽.

되어 있었으며, 잃어버린 귀족의 이미지와 결부되어 있었다.

한 예로 영국의 낭만파 시인이었던 키츠와 셸리는 둘 다 결핵에 의해 사망했는데 셸리가 키츠에게 보낸 글에 "이 결핵이 그대 같은 멋진 시를 쓰는 자를 좋아한다"고 쓰고 있다. 1913년 생상스는 이렇게 적었다. "좋은 건강이 세련된 스타일이 아니었던 당시에 쇼팽은 결핵 환자였다…… 그 당시에는 창백하고 핏기 없는 모습이 유행이었다."*

결핵 환자의 쇠약하고 핏기 없는 용모가 사람의 마음을 끌어당기는 연약함이나 뛰어난 감수성의 상징으로 자리잡은 것이다. '낭만적 고뇌'로 알려진 문학적이고 성적인 태도는 대부분 결핵 그 자체, 또는 은유로 변형된 결핵의 모습에서 연유한다. 죽어가는 결핵 환자는 아름답고 숭고하게 그려지는 반면, 암은 공포와 고통의 질병으로 묘사되면서 암 환자는 자아를 초월할 수 있는 능력을 박탈한 것처럼 그려진다.

또 한편으로 결핵 환자는 건강에 좋은 장소를 찾아다니는 유랑자였다. 19세기 초반부터 결핵은 주로 여행을 떠나고 싶어하는 사람에게 유랑을 떠나는 새로운 구실이 되었다. 키츠는 로마에 가보라는 의사의 조언을 받았으며, 쇼팽은 지중해의 섬들을 둘러보았고, D. H. 로렌스는 지구의 거의 절반을 돌아다녔다.**

나도향의 결핵과 문학

우리 문학사에서 결핵이 처음 등장한 것은 번안 신소설 「두견성」과 나도향의 장편 『환희』가 나온 1923년이었다. 그러나

---

* 수전 손택, 같은 책, 47쪽.
** 수전 손택, 같은 책, 54~55쪽.

선우일의 「두견성」은 일본 소설 「불여귀」를 번안한 작품이어서 본격적인 한국 문학 작품으로 꼽기에는 무리가 있다. 나도향이 1922년 11월 21일부터 이듬해 3월 21일까지 『동아일보』에 연재한 『환희』는 번안이 아닌 창작 작품으로, 우리 소설에서 결핵이 등장한 최초의 소설이다.

나도향은 1902년 3월 30일 서울에서 태어났다. 그는 배재학당을 졸업하고 경성의학전문학교에 입학했으나 의사의 길을 포기하고 문학의 길을 걷기 위해 일본에 건너가 고학으로 공부했다. 1922년 『백조』 창간호에 소설 「젊은이의 시절」을 발표하며 문단에 등장한 그는 이상화, 현진건, 박종화 등과 함께 백조파라는 낭만파를 이루었다. 이듬해 『동아일보』에 장편 『환희』를 연재하여 19세의 청년 작가로 문단의 주목을 받게 된다.

『환희』는 각각 사랑을 잃어버리게 된 두 남매의 사랑의 이야기를 병렬로 교차시킨 애정소설이다. 영철은 함께 살고 있는 이복 누이동생 혜숙에게 가난하지만 건실한 동경 유학생 선용을 소개한다. 혜숙은 선용을 따르면서도, 돈 많고 잘생긴 백우영과 사귀고 싶어한다. 혜숙은 선용과 사랑을 속삭이고, 선용이 동경에 간 뒤에는 사랑의 편지를 주고받는다. 그러나 어느 날 우영의 초대를 받은 혜숙은 처녀성을 잃고 우영의 아내가 되고 만다. 동경에서 이 소식을 들은 선용은 귀국 후 혜숙을 만났으나 그녀는 이미 결혼 생활에 실망한 상태였으며 폐결핵을 앓고 있었다. 혜숙과의 참다운 사랑이 불가능하다고 판단한 선용은 일본으로 돌아간다. 정월로 이름을 바꾼 혜숙은 오빠와 같이 부여로 요양을 갔다가 오빠의 애인 설화를 죽게 한 죄책감과, 선용과 이루지 못한 사랑에 비감해하며 백마강에 몸을 던진다.

이 작품은 "정월은 백마강에 몸을 던졌다. (……) 아아 죽어간 정월이 설화의 원혼을 죽음으로 위로할 수 있고, 이후에 선용이가 이 자리를 찾아낼 수가 있겠는가? 이 모두가 우리 인생이 한낱 환희인 까닭이로다"라고 결말을 맺고 있는 것에서도 알 수 있듯이 감상적이며 낭만적인 경향을 띠고 있다. 나도향은 훗날 자신을 죽음으로 내몰게 되는 결핵을 이렇게 묘사한다.

정월이는 작년 겨울에 감기를 앓은 후 알지 못하게 폐결핵이 발생되어 피를 토하고 기침을 하며 몸이 점점 허약하여짐을 깨달으면 깨달을수록 더욱 더욱 감상과 비애가 그를 못살게 굴었으며, 죽음이라는 장래가 괴롭게 하였다. 이정월은 두 다리를 모두고 쪼그리고 앉아 얼굴이 새파랗게 질려 자꾸자꾸 기침을 재처 한다. 그러다가는 입을 가린 흰 비단 수건에 빨간 핏덩어리가 묻어 나왔다.*

1925년 나도향은 『여명』 창간호에 「벙어리 삼룡이」를 발표했다. 그는 신문사 기자로 일하다가 그만두고 1926년 일본으로 건너갔는데 이때 이미 결핵에 걸려 있었다. 그는 일본 동경에서 고학생이던 이태준, 김지원과 같은 하숙집에서 살았는데, 자신의 결핵을 감추고 있었다고 한다. 어느 날 이태준과 같이 걷다가 일본 동경의 우에노 역 바로 앞 정거장인 닛보리(日暮里) 근처의 동백꽃이 날리는 동산에서 피를 토

---

* 나도향, 『나도향 단편집』, 김춘식 옮김, 지식을 만드는 지식, 2012.

한 나도향은 다가간 이태준에게 피 묻은 손수건을 보여준다. 이태준은 그가 결핵에 걸렸다는 사실을 알고 공포에 질려서 혹시라도 결핵이 전염될까봐 몇 걸음 뒤처져 걸었다고 회상했다.

각혈하던 나도향이 원고지에 피를 묻혀가며 쓴 소설 「피 묻은 편지 몇 쪽」이 그의 마지막 작품이다. 이 작품에서 결핵에 걸린 주인공은 죽음을 예견하고 있기 때문에 사랑하는 사람이 생겼음에도 불구하고 그녀의 곁을 떠난다. 주인공은 "죽음이 가까운 사람이 어찌 영옥의 생활까지 침범하려는 대담한 마음을 갖겠습니까"라고 고백한다. 사랑하면서도 사랑하는 사람을 감히 침범치 못하고 멀리서 사모하는 것에 그친 것은 나도향 본인의 이야기였을 것이다. 나도향이 『동아일보』 여기자 출신으로 동경에 와 있던 최모 기자에게 연애편지를 써서 주변 사람들에게 읽어주었다는 내용을 이태준이 증언하고 있기 때문이다.

> (나도향은) 기침에 잠긴 목소리로 어두운 자리에서 보듯 외이듯 한마디도 서슴지도 않고 내려 읽는 것이었다. 마치 시라노가 묵싸누 앞에서 죽기 전에 옛날 편지를 내려 읽듯. 기침이 얼나고 숨이 가빠지면 듣는 사람에게 읽는 것을 권하였다. 좀더 크게…… 좀더 좀더 하면서.*

나도향은 애절한 사랑을 이루지 못하고 스물넷의 젊은 나이로 사망하고 말았다. 1926년 8월 26일의 일이었다.

---

* 김윤식, 「메타포로서의 결핵」, 『90년대 한국소설의 표정』, 서울대출판부, 1994, 136~139쪽.

김유정의 문학과 결핵

　　김유정은 1908년 1월 11일 태어났다. 스물한 살 때 휘문고보를 졸업한 김유정은 이듬해인 1930년 연희전문학교 문과에 입학했으나 두 달 만에 학교에서 제적당하고 만다. 1933년 다시 서울로 올라와, 둘째 누나의 집에 얹혀살게 되었다. 이때 김유정은 병원에서 폐결핵 진단까지 받게 되었디.

　　김유정은 「산골 나그네」라는 소설을 발표하면서 등단했다. 1935년에 「금 따는 콩밭」, 「만무방」, 「산골」, 「봄봄」 등의 대표작을 쏟아내었는데, 춘천 실레마을에서 보고 느꼈던 고향의 정취와 농민들의 곤궁한 생활, 그 자신의 개인적인 불행에서 체험한 감상 등이 그의 소설의 주요 모티프였다. 김유정과 절친했던 문우로는 휘문고보 때부터 동창이었던 안회남 말고도, 구인회에 가입한 뒤에 알게 된 이상도 있었다. 1936년 가을부터 겨울까지 김유정은 형수와 함께 단칸 셋방에서 사는 동안 폐결핵이 더욱 악화되어 고생했다.

　　김유정은 「어떠한 부인을 맞이할까」라는 글에서 자기처럼 피를 토하는 여인과 결혼하고 싶다고 말한다.

　　그리고 상당한 폐결핵입니다. 최근에는 매일같이 피를 토합니다. 나와 똑같이 우울한 그리고 나와 똑같이 피를 토하는 그런 여성이 있다면 한번 만나고 싶습니다. 나는 그를 한없이 존경하겠습니다. 왜냐하면 나는 내 자신이 무언가를 그 여성에게 배울 수 있으리라고 기대하기 때문입니다.*

---

* 김유정, 「어떠한 부인을 맞이할까」, 『김유정 전집』, 한림대학출판부, 1987.

이상은 김유정과 나이도 비슷하고, 같은 폐결핵을 앓고 있다는 점에서 동병상련을 강하게 느낀 듯하다. 이상은 소설 「김유정」에서 김유정을 "(성나는 일이 있을 때) 모자를 휙 집어던지고 두루마기도 마고자도 민첩하게 턱 벗어던지고 두 팔 홀떡 부르걷고 주먹으로는 적의 벌 마구*를 발길로는 적의 사타구니를 격파하고도 오히려 행유여력(行有餘力)에 엉덩방아를 찧고야 그치는 희유(稀有)의 투사"**라고 묘사했다. 이상은 폐결핵이 악화된 뒤 1936년 가을 정릉에서 요양 중이던 김유정을 찾아가 동반자살을 권하지만 동의를 얻지 못하자 동경으로 떠난다. "사람이 비밀이 없다는 것은 재산 없는 것처럼 가난하고 허전한 일이다"라는 인상적인 말로 시작하는 이상의 소설 「실화(失花)」에는 두 사람의 마지막 만남이 기록되어 있다. 이상의 소설은 수필과 경계를 짓기 어려울 정도로 자신의 경험을 직접적으로 소설화하는 사소설(私小說)의 범주에 든다.

밤이나 낮이나 그의 마음은 한없이 어두우리라.

그렇다. 유정아! 너무 슬퍼 마라. 너에게는 따로 할 일이 있느니라.

이런 지비(紙碑)가 붙어 있는 책상 앞이 유정에게 있어서는 생사의 기로다. 이 칼날같이 선 한 지점에 그는 앉지도 못하고 서지도 못하면서 오직내가 오기를 기다렸다고 울고 있다.

"각혈이 여전하십니까?"

---

* 볼 마구리, 볼 따귀.
** 이상, 「김유정」, 『이상 소설 전집』, 민음사, 2012, 233~234쪽.

"네⋯⋯ 그저 그날이 그날 같습니다."

"치질이 여전하십니까?"

"네⋯⋯ 그저 그날이 그날 같습니다."

안개 속을 헤매던 내가 불현듯이 나를 위하야는 마코 두 갑, 그를 위하여는 배 십 전어치를 사 가지고 여기 유정을 찾은 것이다. 그렇다. 그의 유령 같은 풍모를 도회(韜晦)하기 위하여 장식된 무성한 화병(花瓶)에서까지 석탄산 내음새가 나는 것을 지각하였을 때는 나는 내가 무엇하러 여기 왔나를 추억해볼 기력조차도 없어진 뒤였다.

"신념을 빼앗긴 것은 건강이 없어진 것처럼 죽음의 꼬임을 받기 마치 쉬운 경우더군요."

"이상 형! 형은 오늘이야 그것을 빼앗기셨습니까? 인제⋯⋯ 겨우⋯⋯ 오늘이야⋯⋯ 겨우⋯⋯ 인제."

유정! 유정만 싫다지 않으면 나는 오늘 밤으로 치러버리고 말 작정이었다. 한 개 요물(妖物)에게 부상해서 죽는 것이 아니라 이십칠 세를 일기(一期)로 하는 불우의 천재가 되기 위하여 죽는 것이다.

유정과 이상⋯⋯ 이 신성불가침의 찬란한 정사(情死)⋯⋯ 이 너무나 엄청난 거짓을 어떻게 다 주체를 할 작정인지.

"그렇지만 나는 임종할 때 유언까지도 거짓말을 해줄 결심입니다."

"이것 좀 보십시오"하고 풀어헤치는 유정의 젖가슴은 초롱(草籠)보다도 앙상하다. 그 앙상한 가슴이 부풀었다 구겼다 하면서 단말마의 호흡이 서글프다.

"명일(明日)의 희망이 이글이글 끓습니다."

유정은 운다. 울 수 있는 외의 그는 온갖 표정을 다 망각하여버렸기 때문이다.

"유형, 저는 내일 아침 차로 동경 가겠습니다."

"……"

"또 뵈옵기 어려울걸요."

"……"

그를 찾은 것을 몇 번이고 후회하면서 나는 유정을 하직하였다.*

이상은 김유정과 자신의 동반자살을 '신성불가침의 찬란한 정사(情死)'라고 묘사한다. 자신의 생애 전체를 번롱하면서 살아간 이상은 임종할 때 유언까지도 거짓말을 해주겠노라고 호언하면서 동경으로 떠나간다.

김유정은 죽기 11일 전인 3월 18일에 방 안에 커튼을 치고 촛불을 켜놓고 글을 썼는데, 친구 안회남(별명이 필승인 듯) 앞으로 남긴 「필승전(前)」이라는 제목의 이 글에서 김유정은 최후의 순간까지도 애처로울 만치 삶에 대한 애착의 끈을 놓지 않고 있다.

필승아

나는 날로 몸이 꺼진다. 이제는 자리에서 일어나기조차 자유롭지 못하다. 밤에는 불면증으로 하여 괴로운 시간을 원망하고 누워 있다. 그리고 맹렬이다. 아무리 생각하여도 딱한 일이다. 이러다가는 안 되겠다. 달리 도리를 채리지 않으면 이 몸을 일으키기 어렵겠다.

---

* 이상, 「실화」, 앞의 책, 215~217쪽.

필승아

나는 참말로 일어나고 싶다. 지금 나는 병마와 최후 담판이라 홍패가 이 고비에 달려 있음을 내가 잘 안다. 나에게는 돈이 시급히 필요하다. 그 돈이 없는 것이다.

필승아

내가 돈 백 원을 만들어볼 작정이다. 동무를 사랑하는 마음으로 네가 조력하여주기 바란다. 또다시 탐정소설을 번역하여보고 싶다. 그 외에는 다른 길이 없는 것이다. 허니 네가 보던 중 아주 대중화되고 흥미 있는 걸로 한뒤 권 보내주기 바란다. 그러면 내 50일 이내로 번역해서 너의 손으로 가게 하여주마. 허거든 네가 적극 주선하여 돈으로 바꿔서 보내다오.

필승아

물론 이것이 무리임을 잘 안다. 무리를 하면 병을 더친다. 그러나 그 병을 위하여 엎집어 무리를 하지 않으면 안 되는 나의 몸이다.

그 돈이 되면 우선 닭을 한 30마리 고아 먹겠다. 그리고 땅군을 들여, 살모사 구렁이를 십여 마리 먹어보겠다. 그래야 내가 다시 살아날 것이다. 그리고 궁둥이가 쏙쏙구리 돈을 잡아먹는다. 돈, 돈, 슬픈 일이다.

필승아. 나는 지금 막다른 골목에 맞딱뜨렸다. 나로 하여금 너의 팔에 의지하여 광명을 찾게 하여다우. 나는 요즘 가끔 울고 누워 있다. 모두가 답답한 사정이다. 반가운 소식 전해다우.

그러나 김유정은 편지의 회신도 받아보기 전인 1937년 3월 29일 아침 6시 30분 숨을 거두었다. 사인은 폐결핵. 향년 29세였다. 김유정의 유해는 가족에 의해 서울 서대문 밖의 화장터로 옮겨져 화장되었다.

한편 동경으로 떠난 이상은 김유정이 죽은 지 19일 뒤 일본 동경에서 죽고 만다. 두 사람의 죽음을 애석하게 생각하던 친우들은 5월 15일 부민관에서 합동 추모식을 가졌다.

인생의 무상함은 막을 길이 없습니다. 외로운 행인 고 김유정과 이상 양군이 저같이 조서(早逝)함을 볼 때 우리는 다시 한번 차탄(嗟歎)하였습니다. 그러나 정과 사랑을 가진 우리는 그들에 대한 아깝고 그리운 생각을 금할수가 없습니다. 동도(同道)의 선배 후배가 조촉(弔燭) 아래 같이 모여서 혹은 이야기하고 혹은 묵상하여 고인의 망령을 위로하고 명복을 빌고자 합니다. 세사(世事)에 분망하신 몸일지라도 고인을 위한 마지막 한 시간이오니부디 오셔서 분향의 성의의 자리를 같이해주시면 참으로 감사하겠습니다.*

이렇게 해서 이상과 김유정은 같은 자리에서 '신성불가침의 찬란한정사'를 이루었는지도 모른다.

이상의 결핵과 문학

스물세 살이오—삼월이오—각혈이다. 여섯 달 잘 기른 수염을 하루 면도칼로 다듬어 코밑에다만 나비만큼 남겨 가지고 약 한 제 지어 들고 B라는 신개지(新開地) 한적한 온천으로 갔다. 게서 나는 죽어도 좋았다.**

* 김윤식, 『이상 문학 텍스트 연구』, 서울대학교 출판부, 1998, 179쪽.
** 이상, 「봉별기」, 앞의 책, 117쪽.

이렇게 시작하는 「봉별기(逢別記)」를 쓴 이상은 누구였던가? 그는 1910년 8월 20일 아버지 김연창과 어머니 박세창의 2남 1녀 가운데 장남으로 태어났다. 세 살 때부터 큰아버지의 양자가 되어 큰집에서 살았는데, 권위적인 큰아버지와 무능력한 친부모 사이에서 심리적 갈등이 심했으며 이런 체험이 그의 문학에 나타나는 불안과 자살충동 의식의 뿌리를 이루게 된다. 그는 1927년 보성고등보통학교를 거쳐 1929년 경성고등공업학교 건축과를 수석으로 졸업했다. 졸업하던 해 조선총독부 내무국 건축과 기수(技手)가 되었으며, 조선총독부의 기관지인 『조선과 건축』 표지 도안 현상공모에 1등과 3등으로 당선되는 등 그림과 도안에 재능을 보였다.

이상은 1929년부터 1933년까지 조선총독부 건축기사로 활동하면서 삶에 대한 꿈과 이상을 키워나가던 중 정면으로 맞부딪친 것이 폐결핵이라는 병이다. 이상이 세상을 떠난 후 유고 형태로 발표된 수필 「병상(病床) 이후」(『청색지』, 1939년 5월)를 보면 조선총독부 건축기사 시절 아직 진단이 채 내려지지 않은 상황에서 열병과 혼수와 공포에 시달리는 자신의 모습을 상세하게 그려놓고 있다.

그는 의사의 얼굴을 몇 번이나 치어다보았다. '의사도 인간이다. 나하고 조금도 다를 것이 없는!' 이렇게 속으로 아무리 부르짖어 보았으나 그는 의사를 한낱 위대한 마법사(魔法師)나 예언자(豫言者) 쳐다보듯이 보지 아니할 수 없었다. 의사는 붙잡았던 그의 팔목을 놓았다. (가만히) 그는 그것이 한없이 섭섭하였다. 부족하였다. '왜 벌써 놓을까 왜 고만 놓을까? 그만 보아 가지고도 이 묵은 노(老) 중병자(重病者)를 뚫어 들여다볼 수가 있을까.' 꾸지람 듣는 어린 아해가 할아버지 눈치를 쳐다보듯이 그는 가련(참으로)한 눈으로 의사의 얼굴을 언제까지라도 치어다보아 고만두려고는 하지 않았다. (……)

목은 그대로 타들어 온다. 밤이 깊어갈수록 신열이 점점 더 높아가고 의식은 상실되어 몽현간(夢現間)에 왕래하고 바른편 가슴은 펄펄 뛸 만치 아파 들어오는 것이었다. 무엇보다도 우선 가슴 아픈 것만이라도 나았으면 그래도 살 것 같다. 그의 의식이 상실되는 것도 다만 가슴 아픈 데 원인될 따름이었다. (적어도 그에게는 그렇게 생각되었다.)

'나의 아프고 괴로운 것을 하늘이나 땅이나 알지 누가 아나.' 이러한 우스꽝스런 말을 그는 그대로 자신에게 경험하였다. 약물이 머리맡에 놓인 채로 그는 그대로 혼수상태에 빠져 있었다. 얼마 후에 깨어났을 때에는 그의 전신에는 문자 그대로 땀이 눈으로 보는 동안 커다란 방울을 지어가며 황백색 피부에서 쏟아져 솟았다. 그는 거의 기능까지도 정지되어가는 눈을 치어들어 벽에 붙은 시계를 보았다. 약 들여온 지 십 분 그동안이 그에게는 마치 장년월(長年月)의 외국여행에서 돌아온 것만 같은 느낌이었다. 약탕끼를 들었을 때는 약은 냉수와 마찬가지로 식었다. '나는 이다지도 중요하지 않은 인간이다. 이렇게 약이 식어버리도록 이것을 마시라는 말 한마디 하여주는 사람이 없으니. 그는 그것을 그대로 들어 마셨다. 거의 절망적 기분으로 그러나 말라빠진 그의 목을 그것은 훌륭히 축여주었다.*

이 글의 앞부분에는 병원에 입원한 환자에게 의사의 존재가 얼마나 위대하게 생각되는지가 잘 묘사되어 있다. 그러나 한편으로는 의

* 김윤식 엮음, 「병상 이후」, 『이상문학전집 3 수필』, 문학사상사, 1993, 55~57쪽.

사가 술을 마시고 잡담을 하고 웃는 장면을 묘사하면서 의사에 대한 분노와 실망을 표현한다. 열병과 혼수와 가슴의 통증을 겪으면서 응급처치를 받고 정밀 진단을 통해 알게 된 것이 바로 폐결핵이다. 이상은 의사로부터 병환이 매우 심각한 상태라는 사실을 통보받은 후 충격을 받게 된다. 이 글의 후기에 의주통 공사장에서라고 부기되어 있는데 그가 경성고등공업학교를 졸업한 후 조선총독부 내무국 건축과 기수로 취직하여 1930년 4~7월 사이 의주통 전매청 청사 설계 준공의 일을 맡은 것으로 본다면 이 시기에 결핵이 발병하지 않았나 생각할 수 있다.

「봉별기」에서 기록했듯이 이상은 1933년 각혈을 한 뒤 결핵을 치료하기 위해 황해도의 배천 온천에 가게 되는데, 이때 그는 총독부 기사로서의 길을 접고 글쓰기에 전념하기로 결정한다. 물론 그가 오로지 결핵이라는 질병 때문에 글쓰기를 선택했다고 설명하는 것은 무리다. 그러나 결핵이 중요한 계기였음은 명백하다. 그는 꼽추 화가였던 구본웅과 함께 약 한 제 지어 들고 요양하러 간 배천 온천에서 엉뚱하게도 금홍이를 만나 노는 데 빠져들고 말았다.

사흘을 못 참고 기어이 나는 여관 주인 영감을 앞장세워 밤에 장고 소리 나는 집으로 찾아갔다. 게서 만난 것이 금홍이다. (……) 지어 가지고 온 약은 집어치우고 나는 전혀 금홍이를 사랑하는 데만 골몰했다. 못난 소린 듯하나 사랑의 힘으로 각혈이 다 멈췄으니까.*

---

* 이상, 「봉별기」, 앞의 책, 117~119쪽.

금홍이는 열여섯 살에 머리 얹어서 열일곱에 딸을 낳았는데 돌을 못 넘기고 애가 죽은 경산부이다. 이상은 잠시 헤어졌던 금홍을 서울에서 다시 만나 같이 살면서 다방 제비를 운영한다. 이 당시의 체험은 그의 대표작인 소설 「날개」에 상세하게 묘사되어 있다.

여러 남자들과 만남을 지속하던 금홍이는 급기야 가출하고 만다. 아내를 찾아다니다가 포기한 이상이 아내와의 살림을 정리하고 이사 가는 장면이 기록되어 있는 「공포의 기록」이라는 제목이 붙은 소설에서 이상은 인생에서도 패배하고 질병과 죽음에 쫓기는 신세가 되었음을 묘사하고 있다. "제이차의 각혈이 있은 후 나는 으슴프레하게나마 내 수명(壽命)에 대한 개념을 파악하였다고 스스로 믿고 있다"고 스스로 젊은 날에 죽을 것을 예감하고 있음을 기록했다. 아내의 흔적이 있는 집을 떠나 더럽고 좁은 집으로 이사하기 위해 둘만이 살던 집을 정리하던 그는 "내 손때가 안 묻은 물건은 하나도 없다. 나는 책을 태워버렸다. 산적(山積)했던 서신을 태워버렸다. 그리고 나머지 나의 기념을 태워버렸다"고 독백하고는 "몹시 피곤하다. (……) 그 악취가 가득한 육신들을 피를 토하는 내가 헌 구루마 위에 걸레짝같이 실어가지고 운반해야 한다. (……) 책상다리를 하고 앉은 채 그냥 앉아 있기만 하는 것으로 어떻게 이렇게 힘이 드는지 모른다 (……) 그저께는 그끄저께보다 여위고 어저께는 그저께보다 여위고, 오늘은 어저께보다 여위고, 내일은 오늘보다 여윌 터이고…… 나는 그럼 마지막에는 보숭보숭한 해골이 되고 말 것이다"라고 결핵이 진행되면서 발생하는 체중 감소와 피로감을 절실하게 호소하고 있다.

이상은 결핵과 관련된 시를 여러 편 남겼다. 결핵은 원래 밤에 열도 많이 나고, 기침도 악화된다. 「아침」이라는 시에서 이상은 "캄캄한 공기를 마시면 폐에 해롭다. 폐벽에 그을음이 앉는다. 밤새도록 나는 몸살을 앓는다. 밤은 참 많기도 하더라"라고, 이렇듯 고통스러운 밤을 기록하고 있다. 또 기침하는 자신의 모습을 「행로」(1936년 2월 발표)라는 시에서 아래와 같이 묘사하고 있다.

기침이 난다. 공기 속에 공기를 힘들여 배앝아놓는다. 답답하게 걸어가는 길이 내 스토오리요 기침해서 찍는 구두(句讀)를 심심한 공기가 주물러서 삭여버린다. 나는 한 장이나 걸어서 철로를 건너지를 적에 그때 누가 내 경로(經路)를 디디는 이가 있다. 아픈 것이 비수에 베어지면서 철로와 열십자로 어울린다. 나는 무너지느라고 기침을 떨어뜨린다. 웃음소리가 요란하게 나더니 자조(自嘲)하는 표정 위에 독한 잉크가 끼얹힌다. 기침은 사념 위에 그냥 주저앉아서 떠든다. 기가 탁 막힌다.*

각혈하는 모습을 더 적나라하게 묘사한 시(「각혈의 아침」, 1933년 1월 20일 발표)도 보인다.

폐 속 빼끼칠한 십자가가 날이면 날마다 발돋움을 한다.
폐 속에 요리사 천사가 있어서 때때로 소변을 본단 말이다.
나에 대해 달력의 숫자는 차츰차츰 줄어든다.
(……)

---

* 오규원 편, 『이상 시 전집』, 도서출판 문장, 1981, 36쪽.

하얀 천사가 나의 폐에 가벼이 노크한다.

황혼 같은 폐 속에서는 고요히 물이 끓고 있다.

(……)*

이 시에서 달력의 숫자가 줄어드는 것은 이상 자신의 목숨이 하루하루 줄어드는 것을 의미하고, 하얀 천사가 나의 폐를 노크한다는 것은 의사가 청진한다는 뜻이며, 폐 속에서 물이 끓는다는 것은 가래가 끓고 열이 난다는 의미로 해석할 수 있다.

「오감도 시 제9호 총구(銃口)」라는 시에서는 "나는 총 쏘으드키 눈을 감으며 한 방 총탄 대신에 나는 참 나의 입으로 무엇을 내어배앝었더냐"라고 자신이 입으로 총을 쏘듯이 핏덩어리를 뱉어내는 모습을 묘사하고 있다.

이상은 금홍과 헤어진 뒤 카페 '쓰루(鶴)', 다방 '식스나인' 등을 경영했으나 모두 실패했다. 1934년 김기림·이태준·박태원 등과 '구인회(九人會)'에 가입했으며, 1936년 구인회의 동인지 『시와 소설』을 편집했다. 1936년 6월 변동림과 결혼한 뒤, 그해 9월 도쿄로 건너갔다가 1937년 2월 불령선인(不逞鮮人)으로 일본 경찰에 체포·감금되었다. 이로 인해 건강이 더욱 악화되었다.

이상의 유서에 해당하는 소설 「종생기(終生記)」는 그가 죽기 전 도쿄에서 완성한 것으로, 만 25세 11개월의 홍안의 미소년이던 그가 스스로 노옹을 자처하면서 죽음을 맞이한 소설이다. 그는 이렇게 말한다.

* 오규원 편, 앞의 책, 92쪽.

나는 날마다 운명(殞命)하였다. 나는 자던 잠―이 잠이야말로 언제 시작한 잠이더냐―을 깨이면 내 통절(痛切)한 생애가 개시되는데 청춘이 여지없이 탕진되는 것은 이불을 푹 뒤집어쓰고 누웠지만 역력히 목도한다.*

이상은 김유정이 죽은 19일 뒤 도쿄제국대학병원에서 친구들과 아내가 지켜보는 가운데 멜론을 먹고 싶다고 말하고 죽는다. 친구였던 서양화가 길진섭이 울면서 이상의 데스마스크를 떴다. 아내 변동림은 이상의 유골을 들고 와 미아리에 묻었다. 그러나 이상의 무덤도 사라졌고, 데스마스크도 사라졌다.

오장환

오장환은 1918년 5월 15일 충청북도 보은에서 태어났다. 휘문고등보통학교를 졸업했고, 1933년 『조선문학』에 「목욕간」을 실으면서 문단에 데뷔했다. 어린 나이에 데뷔한 그는 서정주, 이용악과 함께 1930년대 시단의 3대 천재, 또는 삼재(三才)로 불렸다고 한다. 일본 메이지대학 문예과에서 공부했고, 1936년 『낭만』과 『시인부락』, 1937년 『자오선』 동인으로 활동했다. 도쿄에 체류한 이 기간 동안 최하층 노동 생활을 하면서 마르크스주의 이념에 동조하는 습작시를 썼다. 1938년 이후 남만서점을 운영하면서 임화·김기림·김광균 등과 사귀었다. 해방 직후의 현실을 가장 적나라하게 표현한 시로 오장환의 「병든 서울」이 꼽힌다. 그는 해방이 되는 시점에 결핵성 신장

* 이상, 「종생기」, 앞의 책, 117~119쪽.

염으로 병상에 누워 있었다. 해방이 된 것을 안 그는 젊고 굳건한 청년들과의 만남을 기대하며 거리로 나갔지만 서울이 병들었다는 사실을 깨닫고는 실망하고 분노한다. 조국과 민족이 정치적 이해관계에 따라 분열되고, 그 혼란을 틈타 이득을 취하려는 속물들이 판치는 세상이 되었던 것이다.

8월 15일 밤에 나는 병원에서 울었다.
너희들은 다 같은 기쁨에
내가 운 줄 알지만 그것은 새빨간 거짓말이다.
일본 천황의 방송도,
기쁨에 넘치는 소문도,
내게는 곧이가 들리지 않았다.
나는 그저 병든 탕아(蕩兒)로
홀어머니 앞에서 죽는 것이 부끄럽고 원통하였다.
(……)
8월 15일, 9월 15일,
아니, 삼백예순 날
나는 죽기가 싫다고 몸부림치면서 울겠다.
너희들은 모두 다 내가
시골구석에서 자식 땜에 아주 상해버린 홀어머니만을 위하여
우는 줄 아느냐.
아니다, 아니다. 나는 보고 싶으다.
큰물이 지나간 서울의 하늘아

그때는 맑게 개인 하늘에

젊은이의 그리는 씩씩한 꿈들이 흰구름처럼 떠도는 것을…… *

　오장환은 1947년 정치적 혼란기에 테러를 피해 월북했으며, 남포 소련 적십자병원에 입원하게 되는데 여기서 러시아 여의사의 치료를 받은 경험으로 「남포병원」이라는 시를 남긴다. 그는 후에 소련 정부의 배려로 치료차 모스크바 볼킨 병원으로 간다. 오장환은 1951년 결핵성 신장염이 악화되어 신부전으로 세상을 뜬다.

이용악

　　　　　이용악은 1914년 11월 23일 함북 경성에서 빈농의 아들로 태어났다. 그는 가난에도 불구하고 경성보통학교 졸업 후 서울에서 고등학교를 마쳤으며 1934년 도일, 니혼대학 예술과를 잠시 다니다가 조치대학 신문학과를 졸업했다.

　그 역시 훗날 결핵에 걸려 사망하게 되었지만, 어린 시절 결핵에 걸려서 돌아오지 못했던 친구의 죽음을 슬퍼하는 시(「너는 피를 토하는 슬픈 동무였다」)를 썼다. 아마 초등학교 친구였을 식이는 피를 토하는 슬픈 동무다. 시인은 불 꺼진 토기 화로를 끼고 앉아 있는 식이의 잔등에 이마를 대고 앉아 봄이 올 것을 믿는다. 그러나 봄이 오기 전에 할머니 집으로 돌아간 식이는 끝내 돌아오지 않는다.

* 최두석 편, 『오장환 전집 1 시』, 창작과비평사, 1989, 124~127쪽.

너는 불 꺼진 토기 화로를 끼고 앉아

나는 네 잔등에 이마를 대고 앉아

우리는 봄이 올 것을 믿었지

식아

너는 때로 피를 토하는 슬픈 동무였다

(……)

봄이 오기 전 할미집으로 돌아가던

너는 병든 얼굴에 힘써 웃음을 새겼으나

고동이 울고 바퀴를 돌고 쥐었던 손을 놓고

서로 머리 숙인 채

눈과 눈이 마주칠 복된 틈은 다시없었다

(……)

너는 어미 없이 자란 청년

나는 애비 없이 자란 가난한 사내

우리는 봄이 올 것을 믿었지

식아

너는 때로 피를 토하는 슬픈 동무였다*

『오랑캐꽃』과 『낡은 집』 등의 시집으로 유명한 이용악에 대해 윤영천 교수는 "일제강점기 한국 근대시사에서 이용악만큼 그 시기에 대규모적으로 발생한 국내외 유이민의 비극적 삶을 깊이 있게 통찰하고,

* 윤영천 편, 『이용악 시 전집』, 창작과비평사, 1998, 49쪽.

또 이를 민족 모순의 핵심으로 명확히 인식, 자기 시에 정당하게 형상화한 시인은 드물다"*고 평했다.

이용악 시인은 해방이 된 후 서울에서 좌익 계열인 '문학가동맹'에서 활약하였고, 1950년 2월 6일 남로당 관련 사건으로 군당국에 의해 체포되었다. 서울지법에서 징역 10년을 선고받은 그는 복역 중에 한국전쟁이 발발하여 서울이 함락하자 서대문 형무소에서 풀려나왔다. 월북한 그는 1953년 8월 '남로당계' 숙청 당시 반년 이상 집필을 금지당하기도 했다. 1960년대 이후에는 '주체문학'의 성립과 발전에 적잖은 기여를 하다가 1971년 무렵 결핵으로 사망했다고 알려져 있다.

맺는 말

이 글은 결핵이라는 질병이 일제강점기 우리 문학에 어떤 영향을 주었는지 알아보기 위해 결핵이라는 질병이 문학에서 어떻게 은유적으로 표현되었는지를 살펴보았다. 또한 일제강점기에 결핵에 걸려 사망한 문인들을 파악해보았으며, 이들 중 나도향, 김유정, 이상, 오장환, 이용악을 중심으로 논했다.

이광수 역시 젊었을 때부터 폐결핵과 신장결핵을 앓았으며 1950년 10월 25일 지병인 폐결핵의 악화로 납북되던 중 59세로 병사했다.** 그러나 이광수의 소설에는 결핵에 대한 자신의 질병 체험이 뚜렷하게 드러나 있지 않다.

* 윤영천 편, 같은 책, 193쪽.
** 학교법인 인제학원 편, 『선각자 백인제』, 창작과비평사, 1999, 110~111쪽.

현진건, 채만식, 박용철도 역시 결핵으로 사망했으나 그들의 질병인 결핵이 그들의 문학에 어떤 흔적을 남겼는지 필자가 찾아내지 못했다.

이 밖에 결핵이 등장하는 작품으로 강경애의 『인간 문제』, 최정희의 「흉가」, 최인욱의 「월하취적도」, 안회남의 「온실」 등이 있었음을 밝혀둔다.

이태준은 결핵에 걸리지는 않았으나 나도향과 일본에서 생활하면서 결핵을 관찰했다. 그는 훗날 「까마귀」라는 소설에서 결핵에 걸린 여인과 작가와의 만남을 통해 결핵이 메타포로 등장하는 전형적인 소설을 창조해냈다. "그는 장정 고운 신간서에서처럼 호기심이 일어났다. 가까이 축대 아래로 지나가는 것을 보니 새 양봉투 같은 깨끗한 이마에 눈결은 뉘여 쓴 영국 글씨같이 채근하다. 꼭 다문 입술, 그리고 뾰로통한 콧몽오리는 여간치 않은 프라이드가 느껴지는 얼굴이다"라고 묘사한 대목에서 그 절정을 이룬다.*

정지용은 자신의 아이가 결핵으로 세상을 떠난 뒤 「유리창 1」이라는 시에서 "고운 폐혈관이 찢어진 채로/아아 너는 산새처럼 날아갔구나!"라고 썼다.

결론적으로 결핵은 우리 한국 문학의 태동기와 정착기에 많은 문인들을 괴롭히고 그들의 목숨을 앗아간 질병이었다. 또한 결핵은 당시 치료법이 없는 흔한 질병이었기 때문에 우리 문학에도 자주 등장했다.

---

* 김윤식, 「메타포로서의 결핵」, 『90년대 한국소설의 표정』, 서울대출판부, 1994, 139~143쪽.

그러나 결핵은 가끔은 결핵균에 의해 발생하는 질병 자체라기보다 은유로서 등장하기도 했다.

일제강점기 한국 문학에 나타난 성병

최은경
서울대병원 의학역사문화원 연구교수

들어가며

　　　오늘날 한국 사회에서 AIDS가 아닌 성병은 더 이상
공포의 대상은 아니다. 그러나 친밀한 질병이 되기엔 접근이 수월한
질병도 아니다. 성병은 가장 친밀한 접촉-성행위에 의해 전파되기 때
문에 개인의 사생활과 밀접한 관련을 지닌다. 개인의 내밀한 속성과
관련이 있기 때문에 한국에서 성병 유행은 많은 부분 미지의 영역에
남겨져 있다. 현재 전염병예방법에서 성병은 모니터링과 예방 홍보를
중점으로 하는 제3군 전염병에 속하며, 특히 성병 및 HIV에 대하여
감염 규모와 고위험군을 파악하고 표본감시 의료기관을 두어 신고를
의무화하고 있다. 그러나 '사생활의 예민함'으로 인해 실제 성병 감염
현황과 신고된 데이터와는 차이가 있다고 보거나 지나치게 고위험군
만을 중심으로 산발적으로 성병 데이터를 수집하여 체계적인 통계가
없다고 보는 편이다. 일반인의 성병 유행 정도는 정확히 알려져 있지
않으며 아직 많은 부분 한국 사회에서 성병은 일부 성매매 여성을 비

롯한 '고위험군'의 질병으로 인식된다.

그러나 성병이 처음부터 '고위험군'만의 질병이었던 것은 아니다. 한국 사회에서 성병이 사회적으로 주목받기 시작한 것은 일제강점기부터이다. 이전에도 성병은 존재했지만 일제강점기부터 성병이 주목받은 이유는 성병 감염자 수의 급증, 공창제도 공식화에 따른 성문화의 부상, 자유연애와 결혼 등 성담론의 변화 등과 관련이 있다. 일제 말 성병 환자 수가 50~60만에 달할 정도로 성병 감염 범위는 광범위했고, 오늘날과 같은 '일부 고위험군'의 질병이 아니었다.

1920년대 성병이 한국 사회 대중에게 각인되기 시작하면서부터 한국 문학에서도 성병을 소재로 한 작품들이 등장하였다. 식민지와 근대화라는 배경, 성문화의 등장 등 친밀성 구조의 변동 속에서 성병은 근대의 타락과 부정성을 상징하는 소재가 될 수 있었다. 특히 등장인물이 속한 관계 구도의 갈등을 일으킬 좋은 도구가 되었다. 이 글에서는 일제강점기 한국 근대 문학 속에서 성병이 어떤 소재와 성격으로 제시되고 있는지 살펴봄으로써 이후 한국 사회 내 성병의 위치를 연구하는 데 하나의 준거를 마련하고자 한다.

일제강점기 성병 유행과 담론

일제강점기 이전 성병에 관한 기록들

성병은 언제부터 한국 사회에 존재했던 것일까? 처음부터 한국 내 일부 '고위험군'들의 질병이었던 걸까?

가장 유명한 성병 중 하나인 매독(Syphilis)의 경우 유럽에서 발병한 것은 1494년으로, 이탈리아-프랑스 전투 중 프랑스 군대에서 처음으로 발병하였다. 그 후 한 세기 만에 매독은 전 유럽으로 퍼졌으며, 이 탈리아 과학자이자 시인이었던 프라카스토로(Girolamo Fracastoro)는 1530년 이 병의 이름을 '매독'이라 지으면서 『매독 혹은 프랑스 질병 (*Syphilis sive morbus gallicus*)』이라는 세 권의 책으로 된 시를 남겼다. 유럽은 약 5세기 전부터 성병과 관련을 맺으면서 이미 문학에도 족적을 남긴 셈이다.

한국 사회의 경우 언제부터 성병이 존재했는지는 분명치 않다. 그러나 몇 가지 당대 기록에서 조선 중기, 중종 때 전파되었음을 짐작할수 있다. 가장 많이 알려진 것은 『지봉유설』(1614)에 기록되어 있는천포창(天疱瘡: 양매창, 오늘날의 매독으로 추측)에 관한 것이다. 『지봉유설』에 처음 기록되었으며 『오주연문장전산고』(19세기 중엽), 『마과회통』(1798)에서 동일하게 적고 있는 내용은 다음과 같다.

"본국(本國)의 의방(醫方)에 '천포창(天疱瘡)은 정덕(正德: 명 무종의 연호) 이후에 처음 중국에서 전염되어 왔다고 하는데, 실은 중국에 애당초 이 병이 있었던 것이 아니라 서역(西域)에서 전염되어 왔다' 하였다. 아무튼 병이란, 후세에 새로 생겨난 예도 많은 것이다. 즉, 요즘 1613~1614년 연간으로부터 일종의 열병(熱病)이 유행하였는데, 그 증세가 매우 혹독하여 사망한 자가 무척 많다. 사람들은 이것을 당독역(唐毒疫)이라 하는데, 이전에 들어보지 못한 바이며, 의자(醫者)들은 이것을 옥온(獄瘟)이라 한다."

즉, 중종 때 중국으로부터 전염되어 왔으며 임진왜란 직후 크게 유행했다는 것이다. 그리고 과거부터 전해 내려오던 질병이 아니라 새로이 생겨난 질병이란 점을 분명히 인식하고 있다.

일제강점 이전 조선에서도 성병이 많이 유행하고 있었음을 보여주는 근거는 어렵지 않게 찾을 수 있다. 이익은 『성호사설』에 다음과 같은 에피소드를 전한다. 이익의 집에 오래된 종이 있는데 일찍이 형리(刑吏)가 되어 도둑을 잘 잡는 것으로 소문이 났다. 하루는 어떤 자가 관에 찾아와 "자식이 남에게 유인되어 깊은 산중으로 끌려들어가 음경(陰莖)이 잘려 죽었다"고 호소하였는데, 이익이 그 종에게 비밀리에 체포령을 내려 수일 내에 범인을 잡아들일 수 있었다. 이익이 그 종을 불러 범인을 잡은 경위를 물어보니 천포창 치료에 사람의 음경을 이용하는 것을 알고, 길가에서 소변 보는 이들 중 천포창 있는 자를 잡아 엄형으로 고문하여 자백을 받아냈다는 것이었다. 이익은 "이 넓은 세상에 천포창을 앓는 자도 또한 많을 것인데, 어찌하여 수일 내에 그처럼 공교히 잡을 수가 있었을까? 혹독한 장(刑杖) 밑에서 꾹 참으면서 무복(誣服)하지 않는 자가 드물 것이며, 한번 자복한 후에는 백번 호소해도 아무 소용이 없는 것이다"라며 천포창을 앓는다는 이유로 사건의 범인으로 몰리는 것이 억울하다는 의견을 내고 있다. 또한 당시 천포창 환자가 많았음을, 사람의 음경이 천포창 치료제로 알려졌음을 알 수 있다.

영정조대 학자가 쓴 『청성잡기』에서는 "기가 드세면 병도 드세어진다"며 "지금의 당창(唐瘡)은 옛날의 양매창이다. 두 병을 치료하던 자들이 염병에는 땀을 낼 때에 반드시 똥물을 사용하였다. 그래도 죽은 자가 열에 아홉이었고, 양매창은 열에 하나도 살아남지 못했다. 수은을 태워 사용하여 요행히 죽지 않더라도 콧등이 무너져내려서 거의 사람 꼴이 아니었다. 지금은 땀을 낼 때에 굳이 똥물을 쓰지 않고 수

은을 사용하지 않아도 나은 자가 많으니, 약이 영험해서가 아니라 사람의 기가 약해졌기 때문이다"라고 적고 있다. 그만큼 처음에는 매독이 치명적인 병이었고 수은을 치료제로 사용하였지만 시간이 흐르면서 병의 치명성이 약화되었음을 보여준다.

그럼에도 불구하고 몇몇 기록을 통해 개항 후 조선 사회에서도 매독이 제일 흔한 유행 질병이었을 것으로 짐작할 수 있다. 제중원 초대 의사였던 알렌은 1886년 '조선정부병원 제1차년도 보고서(First Annual Report of the Korean Government Hospital)'에 외래 환자에 관하여 다음과 같이 적고 있다. "말라리아는 가장 흔한 질병으로, 4일열(four-day ague)이 가장 흔하다. 매독은 말라리아 다음으로 많으며, 그 영향(증상)이 매우 많고 다양하다." "760건의 매독 환자가 있었다. 매독으로 인한 증세 중 200건 이상 치료하였다. 우리는 이 질병이 놀라우리만큼 흔한 것을 발견했고 자연 치료되기 전에 거의 치료받지 않은 것으로 보였다. (……) 우리는 한의사들이 수은으로 치료하는 것을 발견하였고, 의학 동료들이 약을 훈증시켜 처방하는 것은 흥미로웠다. 수은이 과다 처방되어 중독이 발생된 환자 사례가 하나 있었다. 수은 과다 처방으로 인해 침을 과다하게 분비하게 된 사례는 다수 발견할 수 있었다. 우리의 매독 치료는 매우 만족스러웠고 우리에게 오는 환자 수가 증가하게 되었다."

제중원 개원 첫해 외래로 다녀간 환자 수가 10,460명이므로 그중 760명이 매독 환자였다면 총 환자 중 7.3퍼센트에 해당한다. 단일 질병으로 분류된 질병으로는 말라리아에 이어 가장 높은 비중을 차지하는 것이다. 이 보고서에서 비뇨생식계 질병 및 매독 환자 수가 1,902

명으로 소화기계 질병(2,032명)에 이어 2위를 차지하고 있음도 주목할 필요가 있다.

일제강점기 성병 유행의 현황

일제강점기 동안 성병 규모가 어느 정도였을지는 쉽게 판단되지 않는다. 1916년 '조선대좌부창기취체규칙' 제정 이후 공창 내 매춘 여성에 대해서는 성병 검진이 이루어지고 통계가 작성되었지만 그 외에는 성병 감염 여부를 알기 어려웠던 까닭이다. 조선총독부에서는 강제 검진은 불가능하나 "일시에 한날 전 조선 약방, 관공립병원을 물론하고 매약 및 치료받은 사람의 수효를 조사 보고케 하여" 이를 근거로 성병 환자 수를 구할 수 있을 것으로 보았으며, 청년기 이상 인구의 50퍼센트 정도를 성병 환자로 보는 것이 적당하다는 의견을 피력하였다(『동아일보』 1928년 12월 2일자). 그러나 이 숫자는 지나치게 추정에 근거한 수치임을 감안할 필요가 있다. 당시 의사 성병 진찰 보고 수치는 11만6천4백 명가량이었고(『동아일보』 1933년 1월 3일자), 경무국의 '창기예기작부' 건강 진단 결과 수진자 연 인원수 38만1천452명 중 1만7천34명이 성병 유병자로 진단되었다(『동아일보』 1938년 11월 5일자). 정확한 성병 규모는 알 수 없으나 '매춘 여성이 급증함에 따라 성병 유행 규모도 확대되고 있다'는 것이 당시의 대체적인 의견이었다.

매춘 여성의 급증은 일제강점기 공창제 도입 등과 더불어 매춘이 공식화되고 확장되면서 나타난 현상이다. 이미 개항 후 1890년대 일본 거류민 지역을 중심으로 유곽을 설치한 일제는 조선을 보호국화한 후 곧 1908년 '기생단속령' '창기단속령'을 실시하여 조선 내 공창화 정책을 실시하는 한편, 일본 군대 성병 만연 방지를 위하여 기생·창기를 대상으로 성병 검사를 의무화하였다. 병합 후 조선반도 전체에 공창제도를 통일화하기 위해 1916년 '조선대좌부창기취체규칙'을 공포한다. 공창제 실시 이후 조선인 매춘 여성이 급증하는데『조선총독부통계연보』에 따르면 1916년 1,708명에 달하던 조선인 매춘 여성이 1931년 5,073명으로 증가해 일본인 매춘 여성보다 많은 수를 차지하고 있음을 알 수 있다. 1940년 조선인 매춘 여성은 9,580명으로 근 10년 만에 두 배로 증가했다. 이렇게 조선인 매춘 여성이 급증하게 된 것은 유곽이 확장되면서 경제적으로 곤란한 하층 계급 여성들의 유입 및 만주사변이나 중일전쟁, 태평양전쟁 등 전쟁의 영향이 큰 것으로 추측된다. 매춘 여성의 증가에 비례하여 매춘 여성의 성병 감염률도 증가하는데, 조선총독부의 공식 통계에서는 100명 중 네 명 정도를 유지하나, 주요 일간지에서는 1920년대 조선인 매춘 여성 중 1할이 성병 환자라고 진단하고 있으며, 1930년대에 이르면 5할 이상이라고 진단한다.

　매춘 여성의 성병 급증은 단지 매춘 여성의 문제만이 아니라 유곽에 출입하는 남성을 포함한 일반 가정의 문제이기도 했다. 주요 일간지에는 남편으로부터 성병을 옮아 이혼을 요구하거나, 남성이 방탕하여 가정이 위기에 처하고 있음을 보도하는 기사가 심심치 않게 실렸다. 성병이 식민지 조선에서 문제적 질병이 된 데에는 딱히 효과적인 치료약이 없었다는 점도 작용했다. 매독의 경우 최초의 항균제인 살바르산이 1908년 일본인 하타사 하치로(秦佐八郎)와 독일의 폴 에를

리히(Paul Ehrlich)에 의해 발명되었다. 그러나 안타깝게도 살바르산은 그 효과가 100퍼센트에 이르지 못했고, 특히 말기 질환의 경우에는 효과가 없었으며, 환자에게 독성 부작용을 낳는 경우도 많았다. 임질의 경우에도 1940년대 항생제가 발명되기 전에는 질산은 치료법만 존재했다. 치료 시 부작용이 많고 완치가 어려운 질병이란 점에서 성병은 더욱더 공포의 대상이 되었다.

당시 신문지상의 담론은 성병 감염을 남성의 문제라기보다 여성/모성/임신 및 출산과 밀접히 연관시키는 특징을 보인다. 남성은 고통받아도 치료받을 수 있는 반면 여성의 경우 본인이 시력을 잃거나 자식이 시력을 잃는 등 치명적인 결과를 초래할 수 있었다. 당시 임질 치료제 광고는 '성병에 따른 가정의 파국, 자녀 출산의 어려움'을 경고하고 치료제를 통해 위험에서 벗어날 것을 주문하고 있다. 정확한 피임 정보 등을 제공하지 않고 남편의 화류계 출입을 막거나 성병이 의심되면 즉시 의료기관을 찾으라는 등의 담론은 여성들에게 책임을 가중시킨다. 가정집 여성은 시력을 잃거나 장애아를 낳는 등 치명적 고초를 겪는다고 보았기 때문에 성병 예방의 초점으로 삼았다. 반면 화류계에 속하거나 성적으로 타락했다고 여겨지는 여성은 질병을 옮기는 본산으로 간주되었다. 만약 '여염집 처녀'가 화류병을 숨겼다면 비난의 대상이 되었다. 문학 역시 이러한 사회적 담론에서 자유롭지 않았다.

일제강점기 한국 문학 속의 성병

성병을 소재로 한 한국 문학

근대 문학에서 질병은 다양한 방식으로 작품 속에 들어온다. 그중 하나는 주인공이 겪어야 할 고통을 드러내고 삶의 환부를 드러내는 소재로서의 질병이다. 신체를 발견하고 주목하는 근대라는 조건 속에서 문학은 신체의 고통을 통해 당대의 위기, 이상 현상을 투영하고자 했다. 이때 질병은 개인이 겪는 고통이자 부당한 사회를 반영하고 은유하는 것이 된다. 또 하나는 병리학적 수사, 상징의 동원을 통해 작중 인물이나 작가의 사회 인식을 드러내는 경우이다. 이때 문학은 질병을 품고 있는 개인의 신체, 혹은 사회에 대한 대응 의식을 묘사하게 된다. 소위 '결핵문학'으로 거론되는 이상의 작품이 대표적인 사례라 할 수 있다.*

근대 문학에서 근대를 상징하는 대표적인 질병으로 손꼽을 수 있는 것은 결핵, 성병, 암 등이다. 이 가운데 결핵이 소비, 낭비, 생명력의 소모 등 자본주의적 근대성의 부정적 측면을 은유한다면, 성병은 흔히 '타락과 방종'으로 상징되는 질병이다. 결핵이 '죽음'에 이르는 질병이라면, 성병은 죽음에까지 이르지는 않지만 환자 자신이 사회로부터 격리되거나 스스로를 은폐하게 되는 병으로 여겨진다. 작중 인물들은 무분별한 쾌락 추구에 따른 치명적 결과로 성병을 얻거나 자본주의 사회의 타락의 상징인 성병에 희생당한다. 대체로 성병에 걸린 인물은 속죄의 의미로 자살 혹은 자살과도 같은 죽음에 이르거나 딜

---

* 김윤식, 「결핵의 속성과 결핵문학」, 『이상연구』, 문학사상사, 1987, 109~142쪽.

레마와도 같은 불유쾌한 경험, 그리고 불안을 안고 살아가야 한다. 그리고 그 결과는 남성보다는 출산 등과 결부된 여성에게 치명적이다. 남성의 경우에도 성병을 경험하고 난 후에는 더 이상 과거와 같은 사회적 관계를 유지하거나 사회생활을 영위하기 어려워지기 쉬우며, 배신감 혹은 죄의식 등으로 세계와의 단절을 겪는 경우가 많다. 성병을 소재로 한 한국 근대 문학작품을 통해 성병이 이들 작품에서 어떠한 성격의 소재로 사용되는지, 성병을 통해 발생하는 갈등의 성격은 어떠한지, 혹은 문학을 통해 유추할 수 있는 당대 성병을 둘러싼 환경은 어떠했는지 살펴보도록 하자.

1. 이광수 『재생』: 여주인공의 세속적 쾌락에 대한 도덕적 응징

성병이 소재로 사용된 1920년대 초기 작품 중 하나는 이광수의 『재생』이다. 이 소설은 이광수가 1924년 11월 9일부터 1925년 9월 28일까지 『동아일보』에 연재한 것으로, 계몽 이념이 낙관적으로 받아들여지던 1910년대 작품인 『무정』과 대비된다. 해방의 긍지를 품고 감격적인 3·1운동을 맞이하였으나 만세의 물결이 한차례 꺾인 후 찾아온 정신적 혼란과 방황, 물질적 욕망의 확산 등이 이 작품의 배경이 된다.

작품의 주인공 김순영은 소위 신여성으로 3·1운동을 같이 준비하던 신봉구와 사랑하는 사이다. 그러나 3·1운동 후 신봉구가 구속되어 수감 생활을 하는 동안 백윤희라는 부호의 아들과 성적 관계를 맺으며 물질적, 육체적 욕망에 빠져든다. 백윤희의 첩으로 지내던 순영은 신봉구가 출소하자 그에 대한 죄의식으로 새로운 갈등을 시작하고,

작품 말미에 이르러 '백윤희와 놀아나며 타락한 죄'를 뉘우치고 자결한다.

순영의 성병은 그녀가 작품 말미에 '백윤희와 놀아나며 타락한 죄'를 뉘우치는 독백 과정에서 처음 등장한다. "또 순영은 과거 일 년 동안에 남편에게 육의 만족을 주노라고 기생이 하는 모든 버릇까지 배우려고 애쓴 것을 생각하였고 그러는 동안에 깨끗하던 몸에 매독과 임질까지 올린 것을 생각하였다." 즉, 성병은 물질적인 부와 성적인 쾌락의 유혹에 못 이겨 백윤희의 첩이 된 데 대한 도덕적 죄과의 성격으로 제시되는 것이다. "그러나 지금은 어떠한가. 지금은 남의 첩이다—돈에 팔려 와서 음욕과 재물밖에 모르는 남자의 더러운 쾌락의 노리개가 되다가 더러운 매독과 임질로 오장까지 골수까지 속속들이 더럽히고 게다가 소박을 받는 신세다. 그래도 정당한 아내가 되어보려고 본처가 죽기를 빌고 기다리는 몸이다."

이 작품에서 소위 '과도한 성관계'를 한 것은 순영이 아니라 백윤희이다. 이미 순영을 첩으로 둔 상황에서 백윤희는 여학생과 또 다른 첩질을 하였고, 이는 순영이 그와의 생활을 부정하는 계기가 된다. 그럼에도 불구하고 백윤희가 성병에 걸렸다는 언급은 작품 어디에도 없다. 백윤희는 다만 병균을 옮기는 매개체일 뿐, 오롯이 병균을 안고 고통받는 것은 순영이다. 순영의 고통은 그녀의 아이가 장님으로 태어나면서 더 배가된다. 순영과 관계한 어떤 남성도 성병 여부로 인해 불안해하거나 고통받지 않는다는 점은 성병이 오직 순영의 고통과 도덕적 죄과를 보여주기 위한 상징임을 잘 드러낸다.

소설은 순영이 자결 전 봉구에게 보낸 편지로 마무리된다. 순영의 고백으로 이루어진 이 편지는 매독·임질을 앓게 된 여성 순영이 독립해서 살아갈 공간이 없음을 잘 보여준다. "사랑하는 나의 봉구씨여! 순영은 전날의 모든 생활을 뉘우치고 새로운 참생활을 하여보려고 있는 힘을 다하였나이다. P부인께와 기타 어른께 청하여 교사 자리도 구하여보았사오나 이 더러운 순영을 용서하는 이도 없어 그것도 못하옵고 할일 없이 세브란스와 총독부 의원에 간호부 시험도 치러보았사오나 모두 매독·임질이 있다고 신체검사에 떨어지어 거절을 당하옵고……" 순영의 고통을 가중시키는 것은 성병으로 인한 자식의 장애이다. "어미의 병으로 소경으로 태어난 어린것을 제 아비 되는 이는 제 자식이 아니라 하여 받지 아니하고, 선천 매독으로 밤낮 병은 나고……"

성병은 오로지 순영만의 문제로 극화되며, 장애를 가진 아이를 낳은 것은 성병을 순영이 겪어야 할 고통으로 만든다. 또한 성병을 지닌 여자는 일종의 '더러운 균'의 병원(病原)으로, 사회에서 자립할 공간이 없다는 극한 상황으로 몰고 간다. 순영이 사회로부터 격리되고 죽음에 이르는 것은 당연시된다. 그리고 그 결과 스스로 속죄하고 자살이라는 결말로 치닫는다.

이광수 소설에는 죄과에 대한 도덕적 응징으로서 여성이 '성'과 밀접한 관련을 갖는 산부인과적 질병을 앓게 되는 작품이 많다. 『재생』도 그중 한 사례이다. 『혁명가의 아내』(1930)의 정희는 병든 남편 공산을 진찰하던 의사 권오성과 불륜관계를 맺으면서도 남편에게 전혀 양심의 가책을 느끼지 않으며, 공산을 죽음에 이르게 하는 직간접적인 원인이 된다. 정희는 이후 권오성의 아이를 임신하였으나 격렬한 복통 끝에 유산을 하며 자궁수술을 받고 사망한다. 『사랑의 다각형』(1930)에서도 주인공 은교를 배신한 은희는 양심의 가책으로 유산을 한다.

이광수의 『사랑』(1939)은 여성이 아니라 남성이 세속적 타락의 응징으로 성병에 걸리는 작품이라 할 수 있다. 주인공 순옥의 남편 허영은 순옥과 안빈의 관계를 오해하고는 점점 타락과 방종의 길로 빠져들며 순옥과 멀어진다. 이때 허영이 얻게 되는 병이 성병이다. "허영의 피의 바세르만 반응은 양성이었다. 그래도 그는 그런 일이 없노라고 순옥을 대하여 뻗대었고 순옥도 더 물으려고도 아니하였다." "허영은 영옥의 손에 구매요법을 받고 있었다. 영옥을 대하여서도 저는 매독을 올릴 기회는 없었는데 아마도 목욕탕에서 오는 것이라고 여러 번 자탄하였다. 순옥도 캐어물으려고 아니하고 못 들은 체하였다." 그러나 이 작품에서 허영이 겪는 고통은 구체적으로 묘사되지 않으며, 성병은 허영의 타락과 순옥과의 멀어짐을 가속화하기 위한 도구로 활용된다.

2. 김동인 「발가락이 닮았다」: 생식력 상실의 희비극

이광수 소설의 성병이 타락과 구원의 비극적 서사를 강조하기 위한 도구라면 이와 달리 성병이 희극적 소재가 된 사례가 김동인의 「발가락이 닮았다」이다. 1931년 12월 『동광』에 발표된 이 작품은 방탕한 성생활로 인해 성병에 걸려 생식 불능이 된 주인공 M이 결혼한 후 얻게 된 자식을 바라보는 아이러니한 심정을 그리고 있다. 이 작품에서 성병은 비극을 일으키는 원인이 아니라 M의 무절제한 성행위라는 희극적 상황의 결과물이다.

"설흔살때는 벌서 괴승(怪僧)신돈이를 멀리 눈아레로 굽어 보앗을 것입니다. 그런지라 온갖 성병(性病)을 경험하여 보지 못한 것이 없엇습니다. 더구나 술이 억배요 그 우에 유달리 성욕이 강한 그는 성병에 걸린 동안도 결코 삼가지를 않엇습니다. 1년 360여 일 그에게서 성병이 떠나본 적이 없엇습니다. 늘 농이 흐르고 한달건너큼 고환염(睾丸炎)으로서 거름거리도 거북스러운 꼴을 하여 가지고 나한테 주사를 맞으려 오고 하엿습니다. 그러는 동안에도 50전, 혹은 1원만 생기면 또한 성행위를 합니다."

흥미로운 점은 위와 같이 무절제한 성행위에 대하여 적나라하게 묘사하는 사람은 M의 친구이자 의사라는 점이다. 의사의 권력은 단지 의학 지식상의 권력만이 아니라 M의 결혼, 그리고 결혼 후 아이를 얻게 되는 상황을 관조, 판단할 수 있는 도덕적 권력의 위치를 갖고 있다. 그럼에도 M이 결혼한다는 소식을 들었을 때 의사인 화자는 "유곽에 다닐 비용을 경제하기 위해서 마누라를 얻는 셈이구료"라고 말할 뿐이다. M의 성병을 알고 있음에도 결혼에 대한 도덕적 개입이 아닌 관조하는 거리를 고수함으로써 일종의 전지적 관점에서 희극적 상황을 연출한다.

"생식 능력이 없는 M은 그런 기색도 뵈지 않고 결혼을 하엿습니다. 그리하여 M에게로 시집을 온 새 안해는 임신을 하엿습니다. 제 남편이 생식긔불능잔줄을 모르는 안해는 뻐젓이 자긔의 가진 죄의 씨를 M에게 자랑하고 잇을 것이외다. 일즉이 자긔가 생식긔 불능잔지도 모르겟다는 점을 밝혀주지 못한 M은 지금 이 의혹의 구렁텅이에서도

감염병과 인문학

제 안해를 책할 권리가 없을 것이외다.”

이렇듯 M의 고통에 대해 도덕적으로 개입하지 않고 관조하기를 반복하던 의사는 소설의 마지막에 가서 M의 고통에 깊이 공감한다. “발가락이 닮았다”며 아내의 아이가 자기 아이라 생각하는 M에게 의사는 (M의 아이일 수 없다고 생각하면서도) “발가락만이 아니라 자세히 보면 얼굴도 닮았네”라고 말하며 M을 외면한다. 이는 윤리적 딜레마에 놓여 있던 의사가 유일하게 행한, 고통의 공감에 기반한 선택이며, M의 아이러니한 상황을 휴머니즘적으로 승화시키는 선택이 된다.

이 소설은 성병으로 인한 남성의 고통을 본격적으로 다루고 있는 작품이기도 하다. 성병의 고통은 남성들에게 생식력 상실 위협으로 현실화되고 가시화된다. 그러나 성병으로 인한 생식력 상실이라는 상황만 두드러질 뿐 M의 성병이 가정 내로 전파될 가능성은 다루고 있지 않고, 그것은 작중 화자인 의사의 관심사도 아니다. 이는 남성 주체가 성병의 내러티브를 자기-비극의 굴레 속에 놓인 자의식의 서술로만 한정시키고 있음을 보여준다.

3. 현진건 「타락자」· 박태원 「악마」: 성병으로 인한 가정 파괴

성병은 ‘단지’ 유곽을 출입하는 이만 걸리는 것이 아니라 성병에 감염된 이가 가정으로도 전파시킬 수 있다는 점 때문에 공포의 대상이 된다. 남성의 유곽 출입 자체는 여성이 외면하거나 ‘한 번쯤’ 넘길 수 있는 것이지만 성병은 언제든지 가정으로 전파될 수 있으며, 여성이 막아내기에는 역부족인 것이다. 유곽 출입 남성의 가정 내 성병 전파에 대한 불안, 가정 파괴에 대한 죄책감 등은 갈등과 서사를 발생시켰고, 한국 문학에서 흥미로운 소재가 되었다. 성병의 가정 내 영향을 다룬 두 개의 작품, 현진건의 「타락자」와 박태원의 「악마」를 통해 남성 주체의 불안과 자의식이 어떻게 형상화되었는지 살펴보자.

현진건의 「타락자」는 1922년 1월부터 3월까지 『개벽』에 연재된 작품이며, 작가의 다른 소설 「술 권하는 사회」와 함께 일제강점기 지식인의 좌절과 자의식을 그려낸 작품으로 평가받는다. 「타락자」는 성병을 다룬 초기 한국 근대 문학작품이기도 하다. 작품의 줄거리는 다음과 같다. 당숙의 양자로 들어간 후 자포자기한 채 살아가던 화자가 기생 춘심을 만나 달콤한 연애감정을 주고받지만 배신을 당한다. 결국 춘심은 다른 남자와 결혼하고 화자는 자신이 아내에게 성병을 옮겼음을 나중에야 깨닫게 된다.

작품 속 화자인 주인공은 일본 유학 시절 "유일한 벗은 서책뿐이었"으며 "광채 찬란한 장래"를 꿈꾸었던 사람이다. 그러나 당숙이 별세한 후 당시의 관습에 못 이겨 폐학하고 양자로 들어가 증조모를 모셔야 할 위치에 놓이게 된다. 봉건적 관습의 굴레에 놓여 있던 주인공은 신입사원 초대연이 열린 명월관에 갔다가 춘심을 보고 첫눈에 반해 '낭만적 사랑의 열병'에 시달리게 된다.

춘심에게 빠진 후 주인공은 '낭만적 사랑'과 가정, 그리고 은밀하게는 '타락한 성적 방종' 사이에서 갈등을 겪는다. 주인공은 춘심에게 빠지지만 춘심은 처음부터 믿을 수 있는 이가 아니었다. 주인공은 춘심의 접근이 '유혹일까 진심일까'를 고민한다. 편지를 받고 주인공이 춘심을 찾았을 때 그녀는 주인공을 몇 시간이고 기다리게 한다. 같이 첫날밤을 보내고 춘심의 집을 나오면서 주인공은 "다시는 이런 짓을 아니하리라"고 다짐한다. 주인공은 돈으로 첫날밤 값을 치르리라 다짐하기도 한다.

춘심과의 관계에 돈을 지불해야만 주인공은 춘심과의 관계에서 안정을 느낄 수 있다. '낭만적 사랑' 혹은 '열정'이 아니라 물물교환 차원의 성적 거래가 되어야 안정될 수 있다고 느낀다. 물물교환과 성적 거래가 이루어지는 세계, 즉 춘심이 속한 기녀의 세계는 '성병'과 '성적 타락'이 있는 세계이며, 이 세계는 낭만적 사랑의 차원이 될 때 더 위험한 것이 된다.

그럼에도 불구하고 주인공은 춘심에게 더욱 깊숙이 빠져든다. 주인공은 심지어 임질에 걸렸음에도 춘심을 전혀 원망하지 않을 정도이다. "나는, 淋疾에 걸리고 말앗다. 공교하게, 그 못쓸 病은, 을맞을 그때로, 낫하나지 안코, 이틀날 後에야, 症勢가 들어낫다. 거의 行步를 못하리만큼, 남몰래 압핫다. 春心으로 하여, 이런 苦痛을, 격건마는, 족음도, 그가 괘심치는 안핫다. 나의 머리는, 아주 理智的이엇다. 그야, 무슨 罪이랴. 짐승가튼 男子 하나이 그의 貞操를 踩躪하고, 그의 肉體를 荼毒하엿다. 저도 모를 사이에, 그 毒菌은, 또 다른 남자에게로, 옴겨 갓다. 咀呪할 것은, 이 社會이고, 恨할 것은, 내 自身이라 하엿다."

주인공의 아내는 처음에는 남편이 춘심을 그리워하자 '춘심과 정을 풀라'며 주인공을 떠밀지만 춘심과의 관계가 깊어지자 거짓 자살 소동을 벌인다. 나중에는 춘심의 사진을 찢으며 주인공과 큰 싸움을 벌인다. 처음에는 마냥 춘심에 대한 질투로만 여겨지는 이 장면은 이후 아내 역시 성병에 걸리게 된 것이 밝혀지고 나면 성병에 따른 아내의 심리적 압박을 보여주는 것처럼 여겨진다.

이 작품의 마지막 부분, 즉 아내의 성병 감염이 밝혀지는 부분은 주인공이 낭만의 미몽에서 깨어나 현실을 강하게 깨닫는 장면이기도 하다. 주인공은 자신의 (낭만을 가장한) 타락이 아내를 '범'하고, 자신이 얻은 독이 가정으로 퍼지고 있음을 인식한다.

"안해는, 요강에 걸타안저, 왼 몸을 부들부들 떨고 잇다. 참아 볼 수업시, 샛발가케 얼굴을 찡그리고 잇다. 그 눈에서는, 苦惱를 못이기는 눈물이, 그렁그렁하엿다. 나는, 모든 것을 깨달앗다. 病毒은 벌서, 그의 純潔한 몸을, 犯한 것이다. 오늘 淸潔하노라고, 힘에 넘치는 극렬한 일을 한 까닭에, 그 症勢가 突發한 것이다! 春心의 寫眞을 처음 볼 때에, 웃고만 잇든 그로써 그것을 찢게 된 辛酸한 心理야, 어떠하엿스랴! 그의 胎中에는, 지금 새로운 生命이 움즉이고 잇다. 이 結果가 어찌될가?! 싸늘한 戰慄에, 나는 全身을 떨엇다. 찡그린 두 얼굴은, 서로 뚜를 듯이, 마조 보고 잇섯다. 肉體를, 점점히 씹어 들어가는, 모진 毒菌의 去就를 삷히랴는 것처럼. 그리고, 나는 毒한 벌레에게, 뜨더 먹히면서, 몸부림을 치는, 어린 生命의 악착한 비명을, 分明히 들은 듯 십헛다."

이 작품에서 춘심은 일종의 서구적 근대의 표상이다. 작품 속 화자인 주인공이 자신의 환경을 잠시나마 잇고 근대 문물에 대한 주인공의 동경을 충족시킬 수 있게 만드는 존재인 것이다. 춘심의 방에 놓인 '일본제 경대'나 '양화(洋畵) 한 장', 그리고 춘심이 주인공에게 주는 '엽서용 서양 봉투'와 봉투의 그림엽서에 담긴 금발 미인의 그림 등은 춘심의 세계가 주인공 화자에게 상징하는 바를 잘 보여준다. 즉, 성병은 서구적 근대(춘심)와 낭만적 사랑에 대한 화자의 욕망이 낳은 결과로 상징된다. 서구적 근대를 욕망하는 화자는 성병을 갖게 되었음에도 불구하고 병의 원인인 춘심을 용서하고, 고통받는 것은 도리어 화자의 아내와 자식이다.

이는 서구적 근대와 전통 조선 가정 사이에 놓여 있는 주인공의 행동으로 '더럽혀지거나' '독'을 얻게 되는 것은 전통 조선 사회, 전통 가정임을 상징한다. 주인공 화자의 욕망으로 봉건 질서 속 사회(조선) 또한 병독에 오염되었다는 죄의식에 투영되고 있는 것이다. 그러나 성병은 (남성인) 주인공에게 직접적인 육체적 고통을 안겨주지 않는다. 성병은 서구적 근대가 전통 조선을 오염시키고 있음을 보여주는 상징일 뿐이다.

박태원의 「악마」(1936)는 성병의 가정 전파 위험을 다루었다는 점에서 「타락자」와 유사하나 작품의 성격은 차이가 많이 난다. 「악마」는 1936년 3~4월에 걸쳐 『조광』에 연재된 작품으로, 평온하던 가정의 남편이 창녀로부터 옮은 임질 때문에 불안과 공포에 떨게 된다는 내용이다. 주인공 학주는 아내가 아이들과 함께 며칠 친정에 가 있는 동안 친구들의 유혹을 뿌리치지 못하고 공창을 찾는다. 성병 전염의 두려움에 떨던 학주는 증상이 나타나지 않자 안심하고 아내와 관계를 가지는데, 이후 자신이 임질에 걸렸음을 알게 되고, 임질이 아내와 아이에게 눈병으로 나타날까 불안과 공포에 떨게 된다.

「악마」는 성병을 둘러싼 인식, 지식, 당대의 풍경들을 자세히 묘사하여 당시 성병에 관한 사회 세태를 잘 보여준다. 처음 주인공 학주가 친구의 약방에서 성병에 관해 배우는 장면을 통해 당시 사람들의 인식 속에 성병의 존재가 얼마나 깊게 각인되어 있는지 알 수 있다.

"비로소 그것이 성병에 관한 약임을 배웠다. 학주는 그 딱한 중년 신사의 그렇게도 음울하던 얼굴을 눈앞에 그려보며, 가장 못마땅하게 고개를 모으로 흔들었다. 설혹 외입은 한다 하기로, 대체 어떻게 하다 그러한 병은 얻어걸렸든 것인지, 벌서 근 일 년이나 두고 그 약을 사러 온다는 그의 말이 어째나 퍽으나 변변치 못하게 딱한 것만 같애서, 그래 학주는 약방 주인이 '트리퐈푸라빈이나 그러한 주사를 맞이면 오줌이 파-란데, 이 노보노-르를 먹어두 역시 그런 초록빛 오줌이 나오지' 하고 말하였을 때, 그러면, 그 불운한 중년신사는 남들이 보고 있는 데서는 아모리 마렵더라도 오줌 하나 만만히 못 눌 것이라고, 동정보다는 일종 비웃음이 앞섰다."

위와 같이 성병 환자를 처음 만났을 때 생긴 동정이나 조소—특히, '초록빛 오줌'으로 인해 숨길 수 없는 질병이라는 점에 대한 조소—는 성병의 위험을 듣고는 공포로 변해간다.

"그러나, 그 병균이 눈에 들어가면 큰일이라고, 그것은 학주도 이미 전에 드러 알고 있는 것이지만, 약제사가 그 증세와 경과를 설명하야, 림균이 눈을 침범한 뒤, 빠르면 일이 시간, 늦어도 이삼 일간의 잠복기를 지나면, 아연, 급성 결막염으로 발육하야, 환자 자신이 자기 눈에 이상을 느꼈을 때는 이미 늦인 것으로, 그 즉시 병원으로 달려가서 의사의 진찰을 보드래도, 그 치료의 효과는 거의 기대할 수 없이, 그 림균성 결막염 환자의 구십구 퍼-센트는 반듯이 실명하고야 마는 것이라 일러주었을 때, 학주의 불근신한 웃음은 얼굴에서 사라지고, 뜻밖에 그의 놀라움은 컸다. (……) 림균이 현재 자기의 눈을 침범하고 있다, 알아내는 수는 도저히 없는 일이었고, 그 짧은 잠복기만 지나면 눈에서 끊임없이 농이 흐르기 시작하여 (……) 사람의 일이란 알수 없는 것으로, 어떠한 기회에 그 병을 얻을지, 이를테면 조곰 전 반가히 악수를 하고 헤여진 사나이의 손에라도 그 추악한 균이 붙어 있어, 그것이 그대로 자기 손에 부착되고, 그 손은 또 아무 거리낌도 없이 자기의 눈을 부비여, 어떻게 그렇게라도 가장 손쉬웁게 실명을 하게 될지……"

이와 같은 성병에 대한 공포에 위안이 되는 것은 친구의 "무어, 통계를 보면 성년 이상의 남자 세 사람에 하나는 성병 환자라지 않나. 그 비례대루 했단 이 세상은 왼통 장님 천지게"라는 말뿐이다. 그럼에도 불구하고 학주는 친구의 유혹에 넘어가 공창을 찾고 만다. 병이 위험하지 않냐, '콘돔'이라도 사용해야 하는 것 아니냐는 학주의 질문에 친구들은 "허기야, 위험하다면 은근짜들이 위험하지. 그것들은 참말 알 수 없거든. 허지만 공창은 일주일에 한 번씩은 꼭 검사를 받으니까"라고 답한다. 그러나 '성병 검사'라는 안전망이 있기 때문에 괜찮을 거라고 생각했던 학주는 그 한 번의 성매매로 성병을 얻게 된다. 당시 일제가 '성병 검사'라는 제도를 통해 공창의 깨끗함을 선전했지만 별반 효력이 없었던 셈이다.

한 번 공창에 출입한 학주는 그 후 성병에 옮을까 전전긍긍하고 성병에 걸린 후에 사람들의 시선, 가족의 시선, 의사의 시선을 견뎌낼 수 있을지 두려워한다. 학주의 심리에 대한 묘사는 그야말로 불명예스러운 병균에 전전긍긍, 불안해하는 남성 주체의 모습을 잘 그려낸다.

"명예롭지 못한 병을 얻지 않았을 자기가, 그렇게도 질겁을 하여, 지금부터 병원에를 찾아가는 것을, 혹시 누가 알기라도 하면, 위인이 변변치 못하다고 자기를 비웃을 것을 뭇지 않아도 알 일이요, 더구나 무엇보다도, 무슨 잘난 짓을 하였다고 의사 앞에 가 염치도 좋게 넙죽하니 앉아서, 아는 사이든 모르는 사이든 간에, 자기의 간밤 행실을 낱낱이 일러바치고, 그리고 끝끝내는 그곳을 내여보이고, 할 수가 있는 것인가 하고……"

"참말이지 병대로 두어 설혹 근치를 바랄 수가 없다드라도 그것이 자손에게 유전을 한다거나 또는 환자 자신 참지 못하도록 고통이 심하다거나 그렇지는 않으나 만일에 하로 아침 그 병균이 자기의 눈에라도 안해의 눈에라도 또는 어린것들의 눈에라도 들어가버리어 마침내는 실명을 하고야 만다든 하는 그때 자기는 도저히 그대로 살어 있을 수는 없을 것같이 그렇게 침통한 무엇을 학주는 마음 깊이 느끼지 않을 수 없는 것이다. (……) 학주가 제 자신 입 밖에 내어 말하기를 무척이나 꺼리면서도 그래도 안해에게 만약 부주의라도 하여 죄 없는 어린것의 눈에 불행을 갖어올 때 그것은 이미 가정의 파멸을 의미하는 것이요, 자기는 도저히 그대로 살어가지는 못할 것이라고 그러한 뜻을 암시하여 주었을 때 안해는 일순간 거의 얼굴이 새파랗게 질려갔이고 잠깐 동안은 퀭한 눈을 들어 얼빠진 사람 같이 마즌편 벽만 발아보고 있었던 것이다. (……) 학주의 눈에는 모든 것이 염녀스러워 안해가 아침에 잠을 깨인 그 손으로 그대로 자기의 눈을 부비고 요강에 오줌을 누고 난 그 즉시로 가령 남순이 이마에 묻은 검정을 씻어주고 그러는 것이 그에게는 질겁을 하게 놀라운 일로 그렇다고 그러할

감염병과 인문학

때마다 일일이 그러한 것을 안해에게 일깨어 못하게 하는 수도 없는 것이 또한 마음이 괴로웠다."

학주는 한 번의 실수로 성병에 걸릴 수 있다는 불안감에 휩싸이고, 그것이 자신의 아이들에게도 옮을 수 있다는 사실에 공포를 느낀다. 그러나 「악마」는 「타락자」와 달리 다른 이와의 외도나 근대 가정 규칙의 위반으로부터 가정이 불안과 위기에 직면하지 않는다. 「악마」의 아내는 「타락자」의 아내와 달리 남편의 외도 사실 자체를 괴로워하거나 거기에 충격받지 않는다. 「악마」에서 가정 파괴는 규칙의 위반이 아니라 성병 그 자체에서 온다. '아무리 단 한 번의 외도'라 할지라도 언제든 자신에게서 아내에게로 옮길 수 있고, 자식을 실명에 이르게까지 하는 '병균'을 가질 수 있는 것이다. 더 이상 성병은 상징적 메타포에 머무르지 않으며 작중 인물이 직면하고 있는 것은 성병을 위시한 '병균'과 갖가지 위험에 둘러싸인 근대 사회 그 자체이다.

4. 이효석 「장미 병들다」: 도시 여성의 배신과 타락

1930년대에 들어서면서 성병은 더 이상 「타락자」나 『재생』처럼 한 개인의 죄의식이나 타락의 상징으로 작동하지 않는다. 성병은 도시 사회, 넓게는 조선 사회 도처에 퍼져 있는 실제 존재하는 질병이며 사회의 타락을 직간접적으로 보여주는 지표로 작동한다. 도시나 조선이란 공간 속에서 성병의 유행과 흐름을 보여주는 작품으로 이효석의 「장미 병들다」와 채만식의 『탁류』가 있다.

우선 이효석의 「장미 병들다」는 1938년에 발표된 단편이다. 영화관에서 영화를 보는 장면으로 시작하는 이 작품은 서울이라는 도시 공간을 배경으로 한다. 줄거리는 다음과 같다. 극단 문화좌가 해산되면서 단원이었던 현보와 남죽은 서울에 올라와 헤어지게 된다. 현보는 남죽이 고향으로 내려갈 수 있는 차비를 빌리지만 그 돈을 술과 춤, 육체관계로 탕진한다. 얼마 후 다시 돈을 마련한 현보가 여관으로 남죽을 찾았을 때, 남죽은 이미 백만장자 아들과 육체관계를 맺은 후 그로부터 차비를 얻어 떠난 후였다. 현보는 남죽으로부터 마음의 배신뿐만 아니라 성병도 얻었음을 알게 된다.

"속은 것은 비단 마음뿐이 아니고 육체까지임을 알았을 때 현보는 참으로 미칠 듯도 한 심정이었던 것이다. 육체의 일부에 돌연히 변화가 생기기 시작한 것은 다음날부터였으나 첫 경험인 현보는 다따가의 변화에 하늘이 뒤집힌 듯이나 놀랐고 첫째 그 생리적 고통은 견딜 수 없이 큰 것이었다."

남죽은 현보가 7년 만에 만난 고향의 첫사랑이었고, "어린 나이에도 철이 들어서 가게에 벌여놓은 진보적 서적을 모조리 읽은 나머지 마지막 학년 때는 오달지게도 학교에서 일어난 사건을 지도하다가 실패하고 쫓겨날" 정도로 강단 있는 신여성이었다. 그러나 도시 생활을 겪은 후 만난 남죽은 남자와 자면서 차비를 구하고 성병까지 가진 존재였다는 점이 드러난다. 남죽의 성병은 극단 여배우를 할 만큼 도시적인 화려함을 자랑하는 남죽의 이미지와 대비된다. 현보가 남죽이 실제로 '타락한 도시 여성'이라는 것을 알게 되고 자신 역시 성병에 걸렸음을 알게 되는 장면은 거의 '첫 경험'에 가까운 고통으로 묘사된다.

아이러니한 것은 남죽이 차비를 얻은 백만장자 아들을 현보가 바에서 만나는 마지막 결말 장면이다. 현보를 만난 남자는 이미 현보를 알고 있으며 우린 어차피 '동류항'이지 않냐며 다음과 같은 말을 건넨다. "이렇게 된 바에 무엇을 속이겠소. 터놓고 말이지 사실 내겐 비싼 흥정이었소. 자랑이 아니라 나도 그 길엔 상당히 밝기는 하나 설마 그런 흠이 있을 줄이야 뉘 알았겠소. 온전히 홀린 셈이지. 그까짓 지갑쯤 털린 거야 아까울 것 없지만 몸이 괴로워 못 견디겠단 말요. 허구헌 날 병원에만 다니기두 창피하구, 맥주가 직효라기에 날마다 와서 켰으나 이 몸이 언제나 개운해질는지."

이 작품에서는 더 이상 가정이 성병 전파의 공간이 되지 않는다. 「장미 병들다」는 '가정이 없는 도시'에서의 성병 전파를 그리고 있으며 가정이 없는 여성은 성병으로 인한 고통을 '앓거나' 도덕적 응징을 받지 않는다. 남죽은 성병으로 아픈 존재가 아니며, 그야말로 성병을 전파하고 사라지는 존재에 가깝다. 반면 분명히 성병으로 고통을 앓는 존재들은 현보와 백만장자 아들이다. 남성의 고통은 '이미지'와 다르게 성병을 전파할 수 있는 팜므파탈적 여성으로부터 주어진다. 그리고 그러한 여성으로부터 고통받거나 버림받았다고 여기는 남성들 간의 동류의식이 생겨나는 것이다.

5. 채만식 『탁류』: 타락한 조선 사회에 대한 은유

　　　　　　채만식의 『탁류』는 1937년 10월 12일부터 1938년 5월 17일까지 198회에 걸쳐 『조선일보』에 연재된 작품이다. '초봉'이라는 한 여인의 비극적 일생을 통해서 식민지 조선 사회의 타락을 조망하는 작품으로, 군산이라는 탐욕의 도시에 대한 지리시학적 묘사가 돋보인다.

특히 군산 내에서 탐욕이 전파되는 것처럼 성병이 전파되는 것을 알 수 있다. 기생첩→한참봉→한참봉의 아내 김씨부인→고태수→초봉→제호로 이어지는 성병의 전파 경로를 보면 모두 돈과 육체에 대한 탐욕에 빠져 있는 등장인물들을 중심으로 성병이 전파되며 초봉의 육체 또한 성병 전파의 매개체가 된다. 다음은 작품 속에서 성병의 전파를 기술하는 부분이다.

"그동안 김씨는 남편이 어느 첩한테서 긴치않게 전염을 받은 **을 나누어 가졌다가 그놈을 다시 태수한테 모종해주었다. 그 덕에 태수는 단단히 고생을 했고—치료는 했어도 뿌리는 빠지지 않고 말썽이 되어 요새도 술을 과히 먹거나 실섭을 하면 도로 도져서 병원 출입을 해야 했었다."

돈에 눈이 먼 집안에서는 초봉을 고태수와 혼인시키고 난 후, 초봉 역시 고태수로부터 성병을 얻었을 것으로 추측되지만 작품 속에 드러나지 않는다. 초봉이 성병을 가졌음이 드러나는 것은 다음과 같은 제호의 말 때문이다. 초봉은 고태수가 살해당하고 형보에게 겁탈당한지 2주 후 제호를 만난다.

"윤희를 보내고 나서는 인해 다른 여자와는 도무지 상관을 한 일이 없었는데. 허허 그거 참…… 아, 글세 ** 기운이 있단 말야…… 허허 제기제기랄 것. 늙은 놈이 이거 망신이지. 아무튼 그 사람 고 무엇이라는 친구가 초봉이한테 골고루 못할 일을 하고 죽었어! 이렇게까지 말을 해도 초봉이는 충분히 그 뜻을 알아듣지 못했다. 제호가 그래서

**이라는 것에 대해 한바탕 기다랗게 강의를 하니까 그제서야 초봉이는 고개를 숙이고 듣지 못했다."

이러한 제호의 말을 초봉은 처음에는 이해하지 못했다가 나중에 자신이 성병을 앓았음을 깨닫는다. 무기력하게 성병 전파 매개체가 되는 초봉의 수동적 위치와 대비되는 것은 초봉의 첫사랑인 승재의 위치이다. 승재는 초봉과 태수와의 혼인 진행을 알면서도 태수가 초봉과 결혼 전 성병 진찰을 위해 찾은 의사이기 때문이다.

"*?*?"승재는 짐작은 한 바이지만, 의사답지 않게 소리를 지른다. "바로 며칠 아니면 초봉이와 결혼을 할, 소중한 그 초봉이와 결혼을 할 네가 천하에 고약하고 더러운 **을 앓다니!"

태수에 대한 분노에도 불구하고 승재는 초봉에게 태수의 성병 감염 사실을 알리거나 태수의 실체를 밝히려고 하지 않는다. 태수의 실체를 밝혀야 한다는 갈등을 겪지만 초봉의 "가족을 위해 이런 사내에게 시집가는 희생"에 지레 감복한 후 차가운 의사의 직분으로 돌아와 태수의 성병을 치료한 후 성병에 관한 지식을 열심히 전달할 뿐이다.

"이윽고 태수가 이편으로 오기를 기다려 승재는 펴놓았던 책의 삽화를 짚어가면서 *균의 형상부터 시작하여 그 성장이며 전염 경로·잠복·활동·번식 그리고 병리와 **이 전신과 부부생활과 제2세랄지 일반 사회에 끼치는 해독이며 마지막 치료와 섭생에 대한 설명을 아주 자상히 들려준다."

승재는 이 작품에서 성병을 전파하는 탐욕의 무리들과 대비되는 건강한 축에 위치하는 인물이다. 그러나 그는 성병을 치료하는 중립적 위치만 고수할 뿐, 태수의 성병 감염을 알리거나 초봉에게 주의시키는 등 성병 감염을 방지하는 적극적 행위자로 나서지 않는다. 이러한 방조 때문에 더욱더 성병은 금전 및 육체적 탐욕이 그러하듯 군산을 오염시키고 인물들의 삶을 비극으로 만든다.

나가며

한국 사회에서 성병은 매우 독특한 질병이다. 근대화 이전에도 성병은 조선 사회에서 꽤 흔한 질병이었으나, 성병이 본격적으로 가정과 사회의 갈등적 소재로 등장한 것은 근대화 이후이다. 변변한 성병 치료제가 없었던 해방 이전, 성병은 광범위한 유행 규모로 인해 근대 사회의 타락과 위험의 상징이 되었다. 이 글에서 다룬 한국 근대 문학작품들은 일제강점기 사람들 사이에서 성병이 어떻게 인식되었는지 잘 보여준다.

1920년대 초 한국 근대 문학 속 성병은 우선 개인적 자의식을 설명하고 구원, 타락의 메시지를 담기 위한 비극적 도구로 사용되었다. 낭만적 사랑이나 근대에 대한 동경에 따른 도덕적 죄과로 성병이 작품 결말에 제시되거나(「타락자」), 세속적 쾌락(타락)에 대한 도덕적 응징으로 성병이 활용되었다(『재생』). 이들 작품에서 성병으로 인한 치명적 고통은 임신/출산과 결부된 여성이 감내해야 하는 것이었다.

그러나 1930년대 이후 한국 문학은 성병이 유행하는 공간, 성병을 앓는 남성 주체에 초점을 맞춘다. 성병의 생식력 상실로 인한 남성의 희비극을 그리거나(「발가락이 닮았다」), 도시 공간을 배경으로 불가지(不可知)한 여성 주체로부터 성병을 전파 받거나(「장미 병들다」), 한 번의 외도로 가정에 성병이 옮을까 불안해하는 남성 주체 등을 그린다(「악마」). 여기서는 여성, 남성 모두 전파의 주체가 되나 여성의 고통은 사라진다. 그리고 성병은 도시, 혹은 조선의 타락이나 근대 사회의 위험을 은유하는 소재가 된다. 성병 유행의 배경이 되는 공간을 포착하고 있는 것 또한 특징적이다. 『탁류』는 식민지 조선의 탐욕과 성병을 지리학적으로 결부시키는 작품이며, 「장미 병들다」 역시 도시 공간의 불가지한 관계 속에서 성병을 주고받는 세태를 다룬다.

홍미로운 점은 이들 문학작품 속에서 의사들은 필요한 성병 치료는 하나 윤리적 딜레마에 적극 대응하거나 성병 전파 방지에 나서지 않는다는 것이다. 「발가락이 닮았다」의 작중 화자인 의사는 성병을 앓는 주인공의 상황을 의사의 위치에서 냉소할 뿐, 상황 타개를 위해 나서지 않는다. 『탁류』의 의사 역시 적극적 성병 전파 방지의 동기를 가지고 있음에도 최소한의 의사의 본분만을 다할 뿐, 상황에 개입하지 않는다. 이러한 의사들의 행동은 당시 성병이라는 윤리적으로 미묘한 성격을 가진 질병에 대해 의사들이 무기력했음을 보여준다.

■ 참고문헌

1. 강혜경, 「일제시기 성병의 사회 문제화와 성병 관리」, 『한국민족운동사연구 59』, 2009, 87~125쪽.
2. 김경민, 「근대 소설의 형성과 성병」, 서강대학교 대학원, 2005.
3. 김미영, 「일제하 『조선일보』의 성병 관련 담론 연구」, 『정신문화연구 29(2)』, 2006, 389~417쪽.
4. 김미영, 「일제하 한국 근대소설 속의 질병과 병원」, 『우리말글 37』, 2006, 309~336쪽.
5. 김소륜, 「이광수 소설에 나타난 여성 이미지」, 『이화어문논집 27』, 2009, 117~138쪽.
6. 김한식, 「30년대 후반 모더니즘 소설과 질병」, 『국어국문학 (128)』, 2001, 201~221쪽.
7. 산하영애, 「한국 근대 공창제도 실시에 관한 연구」, 이화여자대학교 대학원, 1992.
8. 이재선, 「탁류—성병의 은유적 도상학」, 『시학과 언어학 7』, 2004, 243~261쪽.
9. 전흥남, 「한국 근현대소설에 나타난 병리성과 문학적 함의에 관한 연구」, 『영주어문 20』, 2010, 251~282쪽.

박탈당한 '인간'과 세상, 공동체 밖의 삶

한하운의 시와 '나병'

김수이
문학평론가
경희대 후마니타스칼리지 교수

서론

　　『브리태니커 백과사전』을 참조하면, '나병(leprosy, 癩病)'은 나균(*Mycobacterium leprae*)이 원인이 되어 생기는 만성 질환으로, 문둥병, 한센병(Hansen's disease)이라고도 한다. 피부와 말초신경에 생긴 병소가 특징으로, 나균은 말초신경을 파괴하여 감각을 잃게 하고 차츰 조직을 변성하며 결과적으로 사지(四肢)를 변형하고 파괴한다.

　나병에 대한 이해를 보편적 지식의 집약체인 백과사전에서 구하는 것은 나병에 대한 의학적 접근으로서도, 문학적 접근으로서도 적절한 방법이 아닐 수 있다. 하지만 나병과 인간, 나병과 시인, 나병과 시(문학) 등의 복합적 층위를 가능한 고려하며 한하운의 시를 읽고자 할 때, 백과사전으로 상징되는 '보편적' 시각을 취함으로써 얻는 이익도 없지는 않을 듯하다. 첫째, 보편성은 의학과 문학이 공유하고 있는 공통 영역으로, 의학과 문학이 각기 규명하고자 하는 인간의 본질은 이 지점에서 발견될 가능성이 높다. 의학과 문학이 추구하는 인간과 삶에 대한 궁극적인 진리 혹은 진실은 보편적인 상식이 추구하는 바와 별개의 것이 아닐 터이다. 둘째, 첫째와 관련해 의학과 문학이 어느 한쪽으로 '시'를 견인할 때 발생하는 문제는 양자가 '인간'을 어느 한쪽으로 견인할 때 발생하는 문제와 유사할 가능성이 높으므로, 의학과 문학이 각기 견지해온 관점의 변증법적 지양 및 균형감각을 위해서는 제3의 관점을 설정할 필요가 있다. 이는 고차원적인 학문 연구를 통해 성취되는 것이라기보다는, 인간의 보편적 본성과 감정, 지향성 등의 공통감각(common sense)의 차원에 내장되어 있는 것일 터이다. 인간은 의학적인 연구와 치료 및 정복의 대상만은 아니며, 문학적인 탐구와 성찰 및 형상화의 대상만도 아니다. 역으로 말하면, 인간은 둘 다이며 동시에 그 이상이다. 이 둘을 가로지르는 안이자 밖인 보편적인 공통감각은 의학과 문학의 특수성과 보편성을 함께 성찰하는 만능열쇠와 같은 역할을 할 수 있다.

이런 맥락에서 한하운(본명 한태영, 1920~1975)의 시*와 나병의 연관성을 고찰함에 있어 다음의 두 가지 전제 혹은 방향성을 설정하기로 한다. 첫째, 한하운의 시와 질병의 관계를 공통감각의 층위에서 다루고자 하는 목적에 입각하여, 용어 사용에서 일반적으로 통용되는 '나병'을 채택하기로 한다. 둘째, 한하운 시에 나타난 나병의 '의학적 병증'이 시 속에 어떻게 반영, 굴절되었는가보다는, 그 병증이 인간적이며 보편적인 고뇌와 갈등으로 어떻게 전화(轉化)되고 시적으

---

* 이 글에서 다루는 한하운의 시는 인천문화재단 한하운 전집 편집위원회가 엮은 『한하운 전집』(문학과지성사, 2010)을 텍스트로 한다.

로 형상화되었는가에 주목한다. 물론 이는 한하운의 시와 산문에 진술된 언어와 맥락들, 형상화된 장면들에 근거해서 탐구될 것이다. 이 가운데 두번째 방향성과 관련해 구체적으로 이 글은 나병 환자를 일반적인 삶의 영역 바깥으로 축출하는 현실의 질서에 유의하면서, 소위 '정상인'들이 자동적으로 귀속되는 사회 공동체의 '흉물스러운 타자'로 배제된 나병 환자의 삶과 내면을 중점적으로 살펴보고자 한다. 최근에는 사회적 인식과 여건이 많이 개선되었지만, 한하운이 살았던 시대에 나병 환자는 사실상 한 사람의 독립된 인간으로 현실 공간에 소속될 수 없었으며, 현실의 다양한 공동체의 일원이 될 수도 없었다. 나병 환자는 현실의 상징체계 바깥에 존재하는 것이 마땅한, 자격도 존재감도 얼굴도 없는 타자였다. 나병이 '천형(天刑)'으로 정의되고, 나병 환자가 천형에 따른 유배를 현실적으로 명령받고 고도(孤島)에 유폐된 것—병을 의학적으로 치료하기 위한 격리의 차원에 앞서—은 이를 생생히 예증한다. 그 현실적 명령은, '천형'의 주관자인 신이 아니라, 동급의 존재인 인간들이 모여 이룬 제도적이며 관습적인 사회 공동체가 내린 명령이었다는 점에서 나병 환자에게는 더욱 치명적이고 절망적인 것이었다.

'죽음 공동체' 밖의 삶

링기스에 의하면, "병원들에서든 빈민촌들에서든 외롭게 홀로 죽어가는 사람을 방치하는 사회는 급속히 자멸하는 사회이다."* 이와 반대의 자리에 있는 것이 '죽음 공동체'다. 죽어가는 타자의 옆에서 위로하며 고통을 공유하는 '죽음 공동체'는 모든 사회적 관계를 벗어난 자리에 있으며, "어떤 공통적인 것도 소유하거나 생산하지 않는 개인들의 형제애, 죽어야 할 운명을 짊어지고 아무것도 공유하지 않은 개인들의 형제애"를 기반으로 영위된다. "타자를 향해 거대한 아가리를 벌리는 죽음의 장소에 자신을 완전히 이입하는" '형제애'는 관념이나 이상이 아니라, "상이하고 다양한 개인들의 생명이 교환되는 과정에 현실적으로 존재한다."** 이에 근거할 때, 나병 환자는 인간 사회의 최후의 공동체 형식에 해당하는, 죽음 이외에 '아무것도 공유하지 않은 자들'의 '죽음 공동체'에도 속할 수 없는 타자들이다. 나병 환자의 죽음은—삶은 물론이거니와—공동체에 의해 위로받지 못하며, 고통과 슬픔이 공유되거나 애도되지 못한다. 사회는 자신의 구성원들, 즉 다양한 개인들의 죽음에 대해 형제애를 발휘하지만, 나병 환자의 죽음을 위해서는 같은 차원의 혹은 다른 차원이라도 형제애를 마련해두고 있지 않다. 한국의 전통적인 공동체 문화가 구성원들의 죽음을—삶은 말할 것도 없거니와—외면하거나 방치하지 않았다는 점에서 볼 때, 삶의 공동체와 죽음의 공동체에서 모두 소외된 나병 환자는 이중의 절대적 소외 상태에 처한 것임을 알 수 있다. '고려장', '산송장'으로 지칭되는 유령의 삶, "아사와 동사와 학살"(「제13회 세계 나자(癩者)의 날에」)의 폭력적인 죽음이 한국 사회가 나환자

* 알폰소 링기스, 『아무것도 공유하지 않은 자들의 공동체』, 김성균 옮김, 바다출판사, 2013, 261쪽.
** 알폰소 링기스, 위의 책, 228쪽.

들에게 허락(?)한 당위적인 삶이자 죽음이었다. 한하운은 이처럼 공동체에 의해 축출되고 박탈당하는 나환자와 나환자의 삶/죽음을 '종이 쪼가리 인간'(「인간 행진」), '병신인 무존재',* "사람에 가까운 추한 불가사리 같은 짐승",** '인간폐업', '인간 추방', '버려진 생'(「1964년 우리 생의 전쟁을 하자」) 등으로 자학적으로 지칭한다.

"인간폐업/천형원한(天刑怨恨)을 울었다"(「청지유정(靑芝有情)」)던 인간―시인 한하운에게 나병의 고통 못지않게, 아니 오히려 더 고통스러웠던 것은 자신이 '인간'임을 부정당하고 사회 공동체에서 배제되는 일이었다. "나는 인간으로서 인간 학대를 받고 인간 대열에서 쫓겨난 나환자이다. 나는 무엇보다도 인간이 되기를 바라며 그 투쟁은 인간에 대한 반항이다"***라는 한하운의 고백은, 그의 투병 생활이 나병을 치료하는 일인 동시에, '인간으로 인정받기 위해 사회 공동체에 항거하는 투쟁'의 눈물겨운 과정이었음을 보여준다. 한국의 전통 사회가 나병을 '질병'이 아닌 윤리적 '죄/형벌(천형)'로 규정한 데서 알 수 있는 것은, 나병 환자에 대한 배제의 논리가 논리적 차원을 초월한 원천 봉쇄의 극단적인 성격의 것이었다는 점이다. 한하운이 경험적으로 통찰한 바에 의하면, 이러한 사회가 인간이 만든 "법문의 어느 조항에도 없"어 "변호할 길이 없"는 '문둥이'의 죄를 지은 죄인이 마땅히 있어야 할 자리로 결정한 공간은 "아무도 없는 하늘 밖"이다. 현실

* 한하운, 「어느 날의 단상」(『신문예』, 1958. 12), 『한하운 전집』, 741쪽.
** 한하운, 「인환의 거리」(『고고한 생명―나의 슬픈 반생기』, 인간사, 1958), 『한하운 전집』, 420쪽.
*** 한하운, 「인간에 대한 반항정신으로」(『신문예』, 1958. 9), 『한하운 전집』, 733쪽.

사회에서 삭제된 존재인 '문둥이'와 마찬가지로 현실 공간 속에 존재하지 않는 장소.

　　죄명은 문둥이⋯⋯
　　이건 참 어처구니없는 벌이올시다.

　　아무 법문(法文)의 어느 조항에도 없는
　　내 죄를 변호할 길이 없다.
　　옛날부터
　　사람이 지은 죄는
　　사람으로 하여금 벌을 받게 했다.

　　그러나 나를
　　아무도 없는 이 하늘 밖에 내세워놓고

　　죄명은 문둥이⋯⋯
　　이건 참 어처구니없는 벌이올시다.

　　　　　　　　　　　　　　　　　　　　—「벌(罰)」 전문

　'문둥이'는 엄연히 땅 위에 발을 붙이고 살고 있음에도, 사회적·현실적·존재적으로는 '하늘 밖'에 소속되어 있다. 그는 현실에 존재하지만 존재하지 않는 자이다. 공동체로부터 쫓겨나 인간의 자격과 인간적인 삶과 세상을 박탈당한 '문둥이'에게 결정적으로 부재하는 것은 한 사람의 인간으로서의 존재 자체다. 문둥이는 "쫓겨난, 추방령을 받은, 터부시되는, 위험스러운 자",* "속세의 영역에서 배제된 자",** '벌거벗은 생명', '신성한 생명', '저주받은 생명'을 뜻하는 호모 사케르(Homo Sacer)의 하나다. 아이러니하게도 호모 사케르는 공동체에서 완전히 배제되어 있지는 않은데, 그것은 그가 현실과 법의 예외 상태, 즉 "죽여도 괜찮다는 형태"로서인 점에 한해서다.*** 호모 사케르는 공동체의 사전에 면죄받은 폭력의 대상이자 적대적 타자로서, 비극적이고 역설적인 형태로 공동체에 속해 있다. 나환자 시인 한하운은 호모 사케르로서의 자신의 정체성을 '인간'의 범주 바깥에 속한 것들로 호명하고 재구성한다. 자신을 "썩어가는 생선"에 비유하거나, 사람도 짐승도 아닌 "하늘과 땅과 그 사이"에 "잘못 돋아난 버섯"이라고 규정하는 것이 단적인 예다.

배꼽 아래 손을 넣으면
37도의 체온이

---

* 조르조 아감벤, 『호모 사케르』, 박진우 옮김, 새물결, 2008, 168쪽.
** '사케르(sacer)'의 어원은 '성스러움'이지만, 애초에 이 말은 '신성'과는 무관하게 '저주'를 의미했다. "성스러울지어다(Sacer esto)라는 말은 실제로는 저주이다. (……) 원래 이 단어는 단순히 터부, 즉 속세(profanum)의 영역에서 배제된 자로서, 신성(神性)과는 아무런 연관도 없지만 상황에 따라 '신성한' 자 또는 저주받은 자를 뜻하게 되었다."(파울러, 『로마사 논집』, 17~23쪽)—조르조 아감벤, 위의 책, 같은 곳.
*** "법은 주권적 예외 상태에서 더 이상 자신을 적용시키지 않고 그것으로부터 물러남으로써 예외 상태에 적용되듯이, 호모 사케르 역시 희생물로 바칠 수 없음의 형태로 신에게 바쳐지며 또한 죽여도 괜찮다는 형태로 공동체에 포함된다. 희생물로 바칠 수는 없지만 죽여도 되는 생명이 바로 신성한 생명이다."(조르조 아감벤, 앞의 책, 175쪽)

한 마리의 썩어가는 생선처럼 멍클 쥐어진다.

—「목숨」 부분

사람이 아니올시다
짐승이 아니올시다

하늘과 땅과
그 사이에 잘못 돋아난
버섯이올시다 버섯이올시다.
다만
버섯처럼 어쩔 수 없는
정말로 어쩔 수 없는 목숨이올시다.

억겁(億劫)을 두고 나눠도 나눠도
그래도 많이 남을 벌(罰)이올시다. 벌이올시다.

—「나」 부분

　사람도 짐승도 아닌 '잘못 돋아난 버섯'으로서 "억겁을 두고 나눠도
나눠도/그래도 많이 남을" 천형의 형벌을 치르고 있다는, 현실에 의
해 강제된 한하운의 죄의식은, 역으로 그가 인간 세상에 얼마나 간절
히 소속되고 싶어하는가를 반증한다. 한하운이 체감하는 당대 사회의
휴머니즘은 현실의 삶에서 지향해야 할 숭고한 사상이나 철학이기보
다는, 그에게 자신의 현실적 처지를 뼈아프게 환기하게 하는 고통과

절망의 기표였다. '썩어가는 생선'이나 '잘못 돋아난 버섯'인 나환자에게 휴머니즘은 해당 사항이 없는, '인간'임을 부정당하는 '벌'의 은폐된 기원에 불과하기 때문이다. 휴머니즘은 '인간'이 아닌 나환자를 진지하게 고려하지 않으며, 휴머니즘의 주체에도 대상에도 포함시키지 않는다. 이런 맥락에서 볼 때, 한하운 시에 형상화된 간결하고 고아한 서정은 그가 박탈당한 '인간'과 세상에 대해 결코 완성할 수 없는, 불가능한 애도의 미학적 변용물이라고 할 수 있다. 인간 세상을 뜻하는 '인환'이 한하운의 시와 산문에서 핵심적인 위상을 지니며, 그가 애타게 갈망하는 '이상향'의 위치를 차지하고 있는 아이러니는 '인간'과 세상에 대한 한하운의 그리움의 본질이 영원히 상실한 것에 대한 불가능한 '애도'임을 시사한다. 범부들이 어우러져 부대끼며 살아가는 "인환의 거리", 보통 사람들이 만들어내는 이러저러한 "인간사"가 한하운에게는 현실에서 영원히 잃어버린, 결코 도달할 수 없는 이상향이었으며, 이에 따른 아득하고 비극적인 서정의 원천이었다. 다르게 말하면, 한하운 시의 고아하고 비극적인 서정은, 나병이 천형으로 인식된 시대에 그가 나환자-인간-시인으로서 경험한 온갖 종류의 부정적인 경험과 감정들을 지양하고 고양하는 과정에서 빚어진 존재적 고투(苦鬪)의 결정체였다.

보리피리 불며
인환(人寰)의 거리
인간사(人間事) 그리워
필 닐리리

보리피리 불며

방랑의 기산하(幾山河)

눈물의 언덕을

피-ㄹ 닐리리.

—「보리피리」 부분

현실에서 '인간'과 '세상'을 박탈당하고 그로부터 배제된 자, 호모
사케르의 내면을 압도하는 핵심적인 감정과 의식은 '소외'일 것이다.
한하운의 시에는 나병의 육체적 고통을 호소하고 형상화하는 작품들
보다는, '배제된 자'의 소외감, 소외의식을 노래하는 작품들이 더 큰
비중을 차지하고 있다. 그 구체적 양상은 대략 다음의 세 차원으로 정
리될 수 있다.

① 모두들 성한 사람들 저희끼리만
아우성 소리 바다 소리.

아 바다 소리와 함께 부서지고 싶어라.
죽고 싶어라 죽고 싶어라

문둥이는 서서 울고 데모는 가고.

—「데모—1946. 3. 13. 함흥학생사건에 바치는 시」 부분

② 또다시 빨간불이 켜진다
또다시 파란불이 켜진다.

또다시 자동차 전차 할 것 없이
사람들은 모두들 신호를 기다려 섰다.

또다시 나도 의젓한 누구와도 같이
사람들과 사람들과 사람들 틈에 끼어서
이 네거리를 건너가보는 것이다.
아 그러나
또다시 성한 사람들은 저희들끼리
앞을 다투어 먼저 가버린다.

또다시 나에게 어디로 가라는 길이냐
또다시 나에게 어디로 가라는 신호냐.

　　　　　　　　　　　　　　　　　　　—「고 스톱」 부분

③ 의학박사도 많고
약학박사도 많고
내과 외과 소아과
치과 신경과 피부과
병원도 많기도 한데.

그러나 병원 문은 집집이 닫혀 있다
약국이란 약국은 문이 열리지 않는다.

그러면서도
이제 막 인력거 위에 누워서 가는
환자가 있다.
아니
하얀 가운을 입고
하얀 마스크를 건
의사 선생님과 간호부가
바쁘게 내 앞을 지나간다.

—「열리지 않는 문(門)」 부분

①은 1946년 3월 13일에 함흥 학생들이 붉은 군대에 항거해 봉기한 함흥학생사건을 배경으로 한다. 한하운이 만 26세이던 때의 일로, 한창때의 패기와 예민한 자의식을 지닌 청년에게, "모두들 성한 사람들 저희끼리만/아우성 소리 바다 소리"로 폭발하는 역사의 한 장면은 "부서지고 싶어라/죽고 싶어라"라는 절망감으로 각인된다. "문둥이는 서서 울고 데모는 가고"의 담담하면서도 쓰라린 진술이 보여주듯, '문둥이'는 '데모'로 상징되는 역사의 대열에 동참할 수 없다. 문둥이는 역사의 바깥에 있다. 역사를 계승하고, 역사적 사건과 시련을 통해 결속되며, 그 시련을 함께 극복하는 공동체의 바깥에 있다. 당연히 문둥이는 역사의 주체가 될 수 없다. 한하운에 의해 우리 시에 도입된

'문둥이'의 시선은, 역사가 모든 인간의 역사가 아니라, "성한 사람들 저희끼리만"의 역사였다는 사실을 일깨워준다. 이렇게 볼 때 역사에서 진정으로 소외된 자는 가난한 사람이나, 신분이 낮은 사람이나, 여성이나 노약자가 아니다. 이들이 소외와 억압의 상황에 있다면, 문둥이는 그보다 더 절대적인 차원의 배제와 삭제의 상태에 있다. 문둥이는 단지 육체적 질병을 앓는 환자일 뿐임에도, 그 질병으로 인해 모든 인간이 자동적으로 소속된 역사-공동체에서마저도 축출당한 호모 사케르이자 비(非)인간으로 전락한다.

①이 역사의 격렬한 순간을 형상화하는 데 비해, ②는 신호등이 설치된 건널목을 건너는 일상의 평범한 순간을 포착한다. "자동차 전차할 것 없이/사람들은 모두들 신호를 기다려 섰"는 길에서, "나도 의젓한 누구와도 같이/사람들과 사람들과 사람들 틈에 끼어서/이 네거리를 건너가보는 것이다." '나'는 익명의 군중들 사이에 섞여 신호등의 빨간불이 파란불로 바뀔 때를 기다려 그들처럼 '의젓하게' 네거리를 건넌다. 일시적으로 이합집산하는 익명의 공동체에 여느 '누구'처럼 소속되고 싶은 '나'의 간절한 마음이 투영된 행위다. "그러나/또다시 성한 사람들은 저희들끼리/앞을 다투어 먼저 가버린다." 직업도, 부양해야 할 가족도, 어떠한 사회적 의무와 역할도 없는 '나'에게 네거리와 신호등은 "어디로 가라는 길"인지, "어디로 가라는 신호"인지 알 수 없는 참담한 고뇌를 촉발한다. 반복되는 강조의 부사 '또다시'는 '나'에게 이 쓸쓸한 번민이 무수히 되풀이되어왔음을 알게 한다. 문둥이는 '성한 사람들'이 영위하는 현대의 일상생활을 누릴 수 없으며, 그들이 수시로 형성하고 해체하는 익명의 대중-공동체에도 속할

수 없다. 나환자는 일상의 삶과 공동체에서 날카롭게 도려내져 있으며, 그런 연유로 현대 사회의 일상에서 하나의 '빈 구멍'의 형태로 존재(?) 한다.

①과 ②가 각각 역사-공동체와 일상/대중-공동체로부터 배제된 나환자의 슬픔을 노래한다면, ③은 나환자의 마지막 보루인 의학의 치료 대상에서마저 소외된 절망을 토로한다. 나환자에게 "병원 문은 집집이 닫혀 있"고 "약국이란 약국은 문이 열리지 않는다." "이제 막 인력거 위에 누워서 가는/환자가 있"음에도, "하얀 가운을 입고/하얀 마스크를 건/의사 선생님과 간호부가/바쁘게 내 앞을 지나간다." 의사와 간호부들은 환자인 '나'를 눈에 보이지 않는 유령처럼 취급하는 것이다. "의학은 인술(仁術)이라고까지 말하고 박애(博愛)라고까지 하지만 나환자는 이 의학에서마저도 인간 추방을 당하고 있는 억울한 호소를 단지 의사나 간호부의 모습으로 그려놓았다."* 한하운은 이 시의 창작 의도를 이렇게 밝힌 바 있다. 의학의 도움이 가장 절실하며, 의학이 열성적으로 치료해야 할 대상인 나환자는 의학에서마저 배제되어 더 이상 의지할 곳 없는 절대적인 소외 상태에 놓인다.

공동체로부터 다각적인 추방 판결을 받은 나환자가 갈 곳은 단 하나, 나환자들끼리 격리되어 하나의 사회를 이루고 살아가는 나환자촌, 소록도였다. 한하운은 "낯선 친구 만나면/우리 문둥이끼리 반갑다" 고 서로 위로하면서, "앞으로 남은 두 개의 발가락이 잘릴 때까지" "숨막히는" "붉은 황톳길"을 걸어 나환자촌을 찾아간다. 그렇다면, 이렇

---

* 한하운, 「열리지 않는 문」(『황톳길』), 『한하운 전집』, 557쪽.

게 도착한 나환자촌은 한하운에게 '인간 추방'의 오지에서 새로운/다른 공동체의 소속감과 행복을 경험하게 해주었을까?

> 가도 가도 붉은 황톳길
> 숨 막히는 더위 속으로 쩔룸거리며
> 가는 길—
> 신을 벗으면
> 버드나무 밑에서 지까다비를 벗으면
> 발가락이 또 한 개 없다
> 앞으로 남은 두 개의 발가락이 잘릴 때까지
> 가도 가도 천 리 먼 전라도 길.
>
> ―「전라도(全羅道) 길―소록도(小綠島) 가는 길에」 부분

발가락이 거짓말처럼 문드러져 잘려나가는 천 리 길을 걸어 도착한 나환자촌은, "'문둥이'라는 이름 아래서 받는 집단적의 헤아릴 수 없는 학대에 쫓기어 온 이 세상의 마지막 지역"이었다. 그러나 한하운이 경험한 나환자촌(나요양소)은 더욱 무자비한 학대가 자행되는, '인간폐업'을 당한 나환자들을 처리하는 '인간쓰레기'장이었으며, "저주받은 지옥의 슬픈 지역"이었다.

이 땅 위에 이다지도 버림받은 지역은 없을 것이다. 자신의 목숨을 자신이 끊지 못하여 마지못해 살아가는…… 바로 나요양소(癩療養所)라고 하는 곳이다.

박탈당한 '인간'과 세상, 공동체 밖의 삶

나요양소라는 곳은 '문둥이'라는 이름 아래서 받는 집단적의 헤아릴 수 없는 학대에 쫓기어 온 이 세상의 마지막 지역이라 하겠다. 서식을 허가치 않는 적대행위의 무자비에 골육마저 등져온 이 나요양소는 정말로 기막힌 곳이라 아니할 수 없다.

쓰레기를 퍼던지면 누구나 그 뒤의 일은 알 바가 아닌 것과 같이 나환자도 나요양소에서 인간쓰레기가 되고 만다.

설사 구호를 받는다 하여도 소위 구라사업(救癩事業)을 하신다는 실무자의 먹다가 먹던 나머지 찌꺼기를 나환자들은 차디찬 고드름을 빨아 먹는 아니 먹는다는 것보다도 바람을 마실 듯 그렇게 먹는다. 이 모습은 너무나 비참하다. 이런 구호도 받는 나환자는 인간폐업을 당하고 깡통에 의지하고 옷이란 것은 다리 밑이 최고급품이다. 논두렁 밭두렁 가에서 눈비를 맞아 가며 더운 물도 한 모금 못 먹고 죽어가는 것이 말로(末路)의 정상이다.

이런 현실에서 나환자가 살아간다는 것은 기적인 동시에 요술 같은 일이라 아니할 수 없다.

—'버림받은 지역의 인간쓰레기', 「천형 시인의 비원(悲願)—'무하(無何)공화국'의 수기」(『현대』, 1958. 4)* 중에서

나환자들이 겪는 이루 말할 수 없는 현실의 고통은 나환자를 대하는 현실의 논리, 특히 자본주의의 논리에 의해 또 한 번 가중된다. 한하운은 나환자를 상품화하는 '나산업'이 "'이 세상에서 가장 불행한 나환자……'를/흡혈하는" 착취의 체제임을 고발한다. 나환자의 삶을

* 한하운, 『한하운 전집』, 716쪽.

통해 자본주의 현실에 대한 비판의식에 도달하는 한하운의 시적 여정
은 이른바 정상인들에게 부끄러움을 안겨주기에 충분한 것이다.

> 문둥이를 상품화하여
> 나병상인(癩病商人)이 우글거리고
> 이 어물쩡한 나자 도매상인은
> 외화획득을 꾀하는 양산하는 나산업(癩産業).
>
> 엄청나구나
> 무엇을 못해 먹어서
> 무엇을 못해 먹어서
> "이 세상에서 가장 불행한 나환자……"를
> 흡혈하는 나병상인이여
>
> ─「제13회 세계 나자의 날에」 부분

  나환자들에게 이 세상의 유일한 피난처인 나요양소는 삶이 아닌 죽
음을, 보호가 아닌 착취를, 치료가 아닌 '흡혈'을 제공한다. 나환자들
은 현실의 모든 공간에서 어떠한 보호 장치도 없이 갖가지 폭력에 노
출되어 있으며, '기적'과 '요술'의 불가능한 삶을 강요당하고 있다. 시
간이 흐를수록 나환자에 대한 사회의 일관된 배제와 폭력을 절감한
한하운은 두 가지 출구를 고안한다. 하나는 나환자들이 한 사람의 독
립된 인간으로서 경제적으로 자족하고 민주적으로 상생하는 자치 체
제인 '무하공화국'의 건설이며, 다른 하나는 그에게 존재와 삶의 유일

한 버팀목이 되어준 '시 쓰기'이다.

  여하튼 현재의 비효율적 운영에서는 나환자를 기생적 괴뢰로 만들어놓
을 뿐이다.

  이런 이유로써 무하공화국〔현대 국가론에 부합되는 국가가 아니라 하나
의 가정적(假定的)인 집단의 명칭이다〕의 설치 없이는 우리나라에서 나병
근절은 도저히 가망할 수가 없다.

  무하공화국은 전국에 있는 나병 환자를 한군데에 집합수용을 시켜 앞으
로 30년 이내에 한국의 나병을 근절하고 나병을 하나의 전설 같은 설화로
서 이야깃거리로 만들고 아름다운 삼천리 금수강산과 거룩한 배달민족의
혈액 정화와 민족 우생학을 도모하자는 원대한 포부에서 하는 것이다.

  그 치리(治理)는 어디까지나 나환자 자체의 자치제도로 운영한다. (……)

  이 무하공화국은 각자가 자기의 기능대로 활약하여 살아가고 인간의 본
연인 면목을 갱생하고 학대도 간섭도 멸시도 없이 스스로가 노동과 생산과
병 치료에 노력하여 인간 그대로의 자유와 행복을 추구하고 무궁화 반만년
역사 위에 한 송이의 꽃이 되어 민족의 대열에 참가하여 민족과 더불어 영
원히 보람 있는 인간으로서 사는 것이다.

  ―'버림받은 지역의 인간쓰레기', 「천형 시인의 비원―'무하공화국'의 수기」
(『현대』, 1958. 4)* 중에서

  나는 문둥이다.
  이 말에 아무렇지도 않다. 슬프지도 부끄럽지도 않다.

* 한하운, 『한하운 전집』, 723쪽.

세상의 어떤 편견과 오류에서 나는 인간으로서의 인간 권리가 박탈되고 인류가 겪고 있는 비참 중에서 가장 참혹한 운명의 제물이 되고 말았다.

약육강식의 스산한 세상에서 나환자를 성한 사람들이 통째로 먹는 비정을 나는 당하고 목격하고 응시한다. 나병을 천형이라 하고는 사형(私刑)을 당연시하고 학살하는 생지옥에서 용케 살아남은 생존자의 한 사람이다.

이렇듯 인간을 수호하는 절박한 호소를 나에게 호소한다.(이 세상에는 호소할 곳이 없다.) 이것이 곧 나의 시이고 문학이다.

—「시에 대한 남어(喃語)」(『현대한국문학전집』 제18권 52인 시집, 신구문화 사, 1965. 11. 30)*

나환자의 삶의 공동체인 '무하공화국'에 대한 한하운의 기획은 경제, 결혼, 교육, 일상 등에 걸쳐 상당히 구체적으로 전개된다. 나환자들만 의 자립적이고 자족적인 치료, 경제, 생활 등의 사회 공동체를 건설하 기를 바랐던 한하운의 소망은 '공동체'의 삶을 박탈당한 나환자의 실 존적 비애와 삶의 고통을 역으로 반영한 것으로도 볼 수 있다. 물론 '무 하공화국'의 기획이 한하운의 생전에 현실적으로 시도되거나 실현된 것은 아니지만, 이는 이후의 나환자 공동체 설립에 대한 의미 있는 참 고자료가 되지 않았을까 싶다.

한하운에게 '무하공화국'이 미래의 이상적 형태로서 '나환자 공동 체'에 대한 소망의 발로였던 데 반해, '시 쓰기'는 그가 현실에서 실 제로 체험한, '문학'이라는 이름의 혹은 '문학'의 이름으로 '현실 공동

* 한하운, 『한하운 전집』, 775쪽.

체'에 참여하는 유일한 길이었다. 한하운은 "이 세상에는 호소할 곳이 없"어 "인간을 수호하는 절박한 호소를 나에게 호소하"는 것, "이 것이 곧 나의 시이고 문학"이라고 말한다. 한하운은 '나' 자신을 향한 호소로서 자신의 시와 문학을 규정하지만, 이는 나환자로서 그의 극단적인 절망을 표현하는 것일 뿐 세상에 대한 그의 소통의 열망을 부정하는 것은 아니다. 한하운이 '인간폐업'의 형벌 속에서도, 끝내 "세 상이 열리는 벅찬 인간개업"에 대한 희망을 버리지 않았던 것은 이를 증거한다.

어느 하늘에서 오는 신화인가
아, 신화가 불어오는 곳은 어딘가.

세상이 열리는 벅찬 인간개업
깨어진 인생을 되찾는 삶은
꽃 피는 꽃샘바람이 차갑다.

—「제13회 세계 나자의 날에」 부분

이런 맥락에서, "나는/나는/죽어서 파랑새 되리"라는 간결한 메시지로 이루어져 있는 한하운의 대표작 「파랑새」는 단순하게 다가오지 않는다. 자유롭게 "푸른 하늘/푸른 들/날아다니며//푸른 노래/푸른 울음/울어 예"는 '파랑새'는 인간적인, 더불어 인간적이기에 불합리한 가치와 규율로 뒤범벅된 현실 공동체에서조차 배제된 부자유하며 불행한 인간과 정확히 대척점에 있다. 한하운의 미래의 환생으로 상

상된 '파랑새'는 현실과 안과 바깥으로부터, 즉 현실의 이중 구속으로
부터 모두 자유로운 '푸른' 존재인 것이다.

　　나는
　　나는
　　죽어서
　　파랑새 되어
　　푸른 하늘
　　푸른 들
　　날아다니며

　　푸른 노래
　　푸른 울음
　　울어 예으리.

　　나는
　　나는
　　죽어서 파랑새 되리.

—「파랑새」 전문

결론

　　　　"인간의 조건은 육체의 문제보다도 정신적인 것이
우위에 있다는 것이 시작 수도(修道)에서 느낀 체험이다. 나는 시를

씀으로써 구원을 받을 수 있고, 지금 행복하기만 하다"*라고 한하운은 썼다. 이 같은 '시의 구원에 대한 고백 혹은 선언'에 이르는 과정에서 한하운이 경험한 삶은, 나환자를 '인간'의 범주에서 제외하고 모든 사회 공동체로부터 추방한 현실의 언어로는 결코 적확하게 재현될 수 없는 것이었다. 한하운은 언어로 표현될 수 없는 삶을, 그 자신에게조차 설명할 방법을 알지 못한 채 감당해야 했다. 한 논자의 평가처럼, "그의 시는 비극적 상황에 놓인 인간의 한 단면을 압축적으로 형상화하고 '인간다움'을 회복하기 위한 근본적 질문을 던지고 있다는 점에서, 또한 소수자의 정체성과 문화적 권리를 드러내고 그에 대한 관심을 환기시키고 있다는 점에서 한국 문단에서 귀중한 소수자 문학의 한 사례로서 의미를 지닌다."** 하지만 여기서 더 나아가, 한하운의 시와 문학은 소수자를 넘어 '공동체 바깥'에 속한 것이었음이 기억되어야 할 것이다. 한하운은 소위 정상인들이 경험하고 상상하기 어려운 '공동체 바깥'에 대한 사유의 공간을 우리 문학에 열어주었다. 현실이 억압한 것을 증언하고 현실의 바깥을 지향하는 문학이 미처 고려하지 못한 또 하나의 '바깥'이 한하운을 통해 우리 문학에 등록된 것이다.

　"얼마 안 가서 또다시 나병이 재발하는 것이었다. 온몸의 말초부에는 결절이 콩알같이 주룽주룽 달리고 퍼지는 것이었다. 이다지도 문둥병은 악마같이 악착하게 내 몸을 썩히는 것이다." 이처럼 나병의 고통에 따른 절박한 진술이 적지 않지만, 한하운의 시와 문학에서 나

---

* 한하운, 「시작 과정」(『신문예』, 1958. 9), 『한하운 전집』, 518~519쪽.
** 김신정, 「시인의 아픔, 시대의 고통—한하운의 삶과 시」, 『한하운 전집』 해설, 857쪽.

병의 의학적 증상과 고통에 대한 진술은 생각보다 많은 분량을 차지하지 않는다. 한하운이 천착했던 것은 나병으로 인한 고통 자체보다는, 자신의 존재를 부정당하고 사회적으로 추방당하는 존재론적이며 실존적인 문제였다. 공동체의 결정에 의해 인간의 자격을 박탈당하고, 더불어 공동체 자체를 박탈당한 나환자의 고통—어쩌면 이는 정신의 학이 감당해야 할 영역일지도 모르겠다—은, '나병'의 육체적 증상과 치료에 관한 기존의 의학적 탐구가 충분히 고려하지 못한 부분으로, 나환자 시인인 한하운의 문학적 보고(報告)를 통해 한국 사회의 공적 담론의 수면으로 떠오를 수 있었다. 인간에 대해, 질병에 대해, 의학에 대해 문학이 할 수 있고 해야 하는 역할은 바로 이 지점에 있으리라 생각된다. 문학이 수행하는 이 치열하고 생생한 보고서들이 의학에 제출되어 의학적으로 다시 사유되고 '처리'될 때, 인간을 둘러싼 문학과 의학의 협력 관계는 가장 아름다운 형태로 실현될 수 있을 것이다.

한국 문학에
나타난
에이즈

박형서

소설가

고려대 문창과 교수

이 글은 에이즈에 대한 한국 문학의 보편적 인식 수준을 소개하기 위해 작성되었다. 다음은 어느 장편소설의 광고 문구다.

공포의 병 AIDS를 접목시켜 공포의 연쇄살인 사건을 연출해낸 김성종 최신 장편소설—현대 여성의 비극적 자화상을 경탄할 만한 솜씨로 묘파해 낸 우리 시대의 새로운 인간 드라마!

불처럼 화려하게 육신을 불사른 여자의 몸속에는 놀랍게도 AIDS균이 도사리고 있었다.

외국인과의 난잡했던 과거의 징표로서 살아남은 에이즈는 마침내 일가족을 모두 그 제물로 삼으면서 살인과 살인을 부르고 저주의 곡예를 계속한다. 수사진의 끈질기고 집요한 수사와 함께 한 꺼풀씩 벗겨지는 어둠의 장막—그러나 그 마지막 한 꺼풀이 벗겨지는 순간 독자들은 그 의외의 얼굴에 놀라고 분노하면서 끝내 경탄하고 만다.

이 짧은 글에서 우리는 전형적인 몇 가지 고정관념의 흔적을 발견할 수 있다. ① 에이즈는 공포와 저주의 병이다. ② AIDS는 세균의 이름이다. ③ 외국인과의 난잡한 성행위가 문제다. ④ 에이즈에 걸리면 일가족이 제물이 된다.

일일이 반론을 늘어놓을 필요는 없을 것이다. 문학은 세계를 총체적으로 반영하는 동시에 그 스스로 세계의 일부로 기능한다. 그중에서도 서사문학, 특히 소설은 장르의 특성상 풍속사 연구 자료로도 종종 사용될 만큼 사회를 비추는 거울의 역할을 맡아왔다. 하지만 위의 광고 문구에서도 볼 수 있듯이, 바로 그러한 점 때문에 당대의 오해마저 고스란히 반영하는 경우가 적지 않다. 이럴 경우 그 텍스트는 고정관념을 확대 재생산하는 왜곡된 선동 구호가 된다. 문학이 그런 식으로 증오와 공포의 확산에 부역한 예는 동서고금을 막론하고 쉽게 찾아볼 수 있다.

나아가 문학의 다른 장르들과 비교해보면 소설에는 편협한 고정관념만큼, 혹은 그 이상으로 부정적인 양상인 무관심의 경향도 발견된다. 이를테면 시의 경우, 여러 시인들이 자신의 작품 안에 에이즈를 등장시키고 있으며 김신용, 오은, 정우영, 채호기 등은 제목에서부터 에이즈를 언급한다. 비록 그 대부분이 실재하는 질병으로서의 에이즈가 아니라 죄악 내지는 몰락의 은유로 사용되었지만, 소재와 주제 양방향에서 꾸준한 관심을 두고 있음은 분명해 보인다. 희곡의 경우 또한 크게 다르지 않아, 극단 '단홍'의 창단 공연인 「천사의 바이러스」에서는 동성애자와 에이즈 환자들이 전면에 등장하여 죽음에 이르는 노래를 부른다. 인권의 위상이 그 어느 때보다 공고한 오늘날에조차 동성애자를 바라보는 눈초리는 불륜을 저지른 자를 향한 그것보다 훨씬 싸늘하고 매섭다. 에이즈 환자에 대한 사회적 인식 수준이 동성애자, 매매춘 경험자, 약물 남용자에 대한 사회적 인식 수준과 부당하게 맞물려왔다는 점에 주목한다면 이 희곡이 내는 앞선 목소리는 경청할 가치가 있다.

반면 소설의 경우에는 무관심의 경향이 고정관념을 압도하고 포괄한다. 서사 전체를 이끌어가는 핵심 사건으로는 물론이고 주변 사건을 촉발시키는 도구로서의 에이즈도 찾아보기 어렵다. 간혹 등장한다 하더라도 '무서운 병' 수준의 의미만을 지닐 뿐이며, 그 결과는 천편일률적인 고통과 죽음이다. 오늘날과 같은 지구촌 시대에 전염병은 특정한 지역의 문제가 아니다. 당장 이 땅에서만 수천 명의 환자가 살아가고 있다. 그럼에도 한국의 문학, 특히 사회적 총체성을 지향하는 소설 장르가 그에 대해 왜소하게 다루거나 심지어 함구하는 까닭은 무엇인가. 소설가, 그리고 소설이 사회와 맺는 유기적 관계를 고려해보면 그 이유는 대략 다음의 세 가지로 수렴될 것 같다.

먼저 오해에 대한 동조다. 이 병은 영화배우 록 허드슨, 가수 프레디 머큐리, 농구 선수 매직 존슨과 같은 외국의 슈퍼스타들이 쓰러져가면서 한국에 알려졌다. 이렇듯 시작부터 '바다 건너 특별한 누군가의 일'이었기 때문에, 우리 공동체에 위협적인 요소라는 사회적 인식이 적절하게 합의되지 않았다. 한국 소설에 총기류가 거의 등장하지 않는 사정도 같은 맥락에서 이해할 수 있다. 에이즈에 관한 신문이나 잡지의 기사를 보면 "우리나라도 이제는 더 이상 안전 지역이 아님을 알 수 있다"는 표현을 여전히 만나게 된다. 이를 달리 말하면 우리는 그동안 HIV바이러스로부터 안전하다고 믿어왔다는 뜻이다. 소설은 형이상학적인 관념의 세계를 다루는 경우조차 예상 독자들이 가장 필요로 하는 이야기를 택하는 성향이 있다. 소설의 이러한 당대성 때문에 '바다 건너 특별한 누군가의 일'은 언제나 순위가 뒤로 밀리기 마련이다. 요컨대 대중의 오해에 소설 문단이 침묵으로써 영합해온 것이다.

다음으로 낙인에 대한 동조다. 에이즈는 주로 동성애나 매매춘, 마약 투여 과정에서 감염되니, 감염된 환자는 물론이거니와 심지어는 예방하려는 노력조차 곧 그 당사자의 지극한 타락과 방종을 고백하는 셈이 되어버린다. 이러한 낙인 효과로 인해 본격적으로 에이즈 환자의 삶을 다루려면 한국의 소설가들은 적어도 두 가지 위험부담을 안고 시작할 수밖에 없다. 하나는 보편성을 무시하고 말초적인 희귀 사연을 끌어들여 소설을 쓴다는 이른바 소재주의 비판이다. 다른 하나는 도덕률의 개입으로 등장인물의 성격이 단조로워지는 자기 검열 장애다. 소재주의 비판은 에이즈가 페스트나 폐결핵, 최근의 조류독감처럼 공론의 장으로 나오기 전까지는 작가 입장에서 대응할 방법이 마땅치 않다. 하지만 평면적 캐릭터 현상은 에이즈에 대한 작가 스스로의 선입견을 교정하는 방식으로 해결이 가능하다. 그렇지 않을 경우 그 소설은 기껏해야 '타락한 인간의 참담한 종말'과 같은 계몽주의적 엄포에서 벗어날 수 없다.

마지막으로 차폐(遮蔽)에 대한 동조다. 대중매체에 등장하는 몇몇 이미지를 통해 학습된 편견, 그리고 치료 기술의 발전에 대한 무지가 에이즈를 끔찍하고 더러운 천형으로 고정시켜놓았다. 일반인들에게 에이즈란 온몸에 반점이 생기며 죽어가는 혐오스러운 병이라는 인식이 강한데, 이는 작가들에게도 마찬가지다. 비슷한 경우로 한센병이 있다. 한센병과 에이즈는 전염성이나 생존율에 대한 과학적이고 논리적인 판단을 유보한 일부 종교 지도자에 의해 하늘이 내린 벌로 심판받아온 과거를 공유하고 있다. 이와 같은 반올림 계산법이 실제로 그 질병의 확산을 막는 데 얼마나 효과가 있었는지는 모르겠으나, 올바른 예방 교육과 이미 감염된 사람의 인권 수호에는 확실히 부정적인 영향을 미치는 것으로 보인다. 이는 우울증을 정신의 나약으로 백안시하는 관점처럼 질병의 모든 책임을 당사자에게 전가함으로써 환부를 간단히 덮는 역할을 한다. 감염된 이는 사정이야 어떻든 공동체에서 쫓겨나며, 살아 숨 쉬는 동료가 아니라 반면교사의 기호로 전락한다. 소설가에게 선지자가 될 의무는 없다. 만인을 사랑할 의무도 없다. 하지만 편견과 무지에 저항할 의무는 있다.

이상의 세 가지 외에 소설 자체가 지닌 구조적 한계도 덧붙여 거론할 만하다. 이야기 장르에서는 사건의 행방, 즉 결말이 대단히 중요하다. 많은 작가들이 독창적인 결말의 인상을 제시함으로써 자기만의 고유한 세계를 구축한다. 그런데 에이즈의 경우에는 아직 완치의 개념이 등장하지 않았기 때문에, 동원할 수 있는 결말이 빤하다. 사회가 해체되어가는 병인에 관심이 많은 참여 성향의 작가들조차 에이즈에 별다른 관심이 없었던 까닭은, 이처럼 에이즈의 속성이 입체적이지 않으며 변주 가능성이 막혀 있는 탓이기도 하다. 요컨대 아직까지 에이즈는 '확고한 불행'인 것이다. 다리가 부러졌지만 입원한 병원에서 자아를 찾는다거나, 가난으로 학비를 못 내어 퇴학당했지만 사업가로 성공하는 등 행동반경의 변화를 주기가 어렵다. 그 때문에 김수진의 『하얀 노을』과 같은 자전실화소설, 양석일의 『어둠의 아이들』 같은 고발소설을 제외한 일반적인 소설문학에서의 에이즈란 현재까지도 절망, 공포, 혹은 생사람 잡는 엉뚱한 추측의 은유일 뿐이다.

물론 소설이 특정 질병의 위험성을 경고하거나 보균자의 인권을 옹호하는 식으로 직접 개입하는 것은 바람직하지 않다. 소설이란 계몽이나 계시가 아니라 질문의 형식을 통해서만 자유로워질 수 있는 양식이기 때문이다. 하지만 현재와 같은 상황은 문학의 도구화에 대한 경계보다는 정보와 성찰의 부족에서 연유했다고 보는 쪽이 공정한 듯하다. 진지하게 접해본 적이 없으니 모르고, 모르니 텍스트를 생산할 수 없으며, 텍스트가 없으니 접해볼 기회가 없는 것이다. 이처럼 무지의 악순환이 내쉬 균형(Nash Equilibrium)을 이루는 현 상태에서는 모종의 계기가 시급해 보인다. 그런데 도움이 필요한 환자 스스로 병이 든 사실을 숨겨야 하는 아이러니를 끝내기 위해서는 환자를 설득하거나 법을 개정하거나 홍보와 교육을 강화하는 노력 이전에, 우리 사회에 만연한 비관용의 자세부터 근본적으로 돌아볼 필요가 있다. 태국 방콕의 번화가를 방문한 이들은 트랜스젠더, 현지 언어로 '까터이'라 부르는 일명 '레이디보이'가 자유롭고 자연스럽게 거리를 활보한다는 사실에 한번 놀라고, 그들의 수가 어마어마하다는 사실에 다시 한번 놀란다. 그러나 정작 놀라워해야 할 사실은, 한국에도 그들 못지않은 수의 동성애자가 있지만 그들에게는 여장하고 거리를 활보할 자유가 없다는 점이다. 한 사회의 문화가 발전하기 위해서는 다양성에 대한 개방적인 옹호가 먼저 요구된다. 바로 그 지점에서 소설의 역할과 가능성도 일정 부분 제기된다. 조이스의 『율리시즈』나 로렌스의 『채털리 부인의 사랑』, 오정희의 「완구점 여인」, 백민석의 『내가 사랑한 캔디』 같은 작품은 우리가 몰랐거나 외면해왔던 성(性)의 어느 은폐된 면모를 드러냄으로써 무지의 악순환을 공략했는데, 이것들은 소설문학이 자신의 정체성을 지키면서 사회의 진화에 간섭한 중요한 예다.

에이즈, 그리고 에이즈 환자에 대한 과도한 두려움과 배타적 무관심이 한데 뒤섞인 까닭은 우리의 마음이 냉정해서가 아니라 우리의 정신이 냉정하지 못해서다. 천벌이라는 미신으로부터 벗어나 바이러스의 존재를 직시한다면, 예방과 치료에 필요한 의료적 역학조사 수준 이상으로 환자의 감염 사연에 관심을 집중하고 그 병에 걸려 마땅할 약점을 발굴해 사회적 부담을 떠넘기는 희생양 의식은 사라질 수밖에 없다. 정해진 알고리듬을 반복 수행하는 기계가 아닌 이상 우리모두는 삶의 무수한 불확정성에 노출된 잠재적 보균자다. 이러한 현실 인식이 적절한 서사와 조우할 때, 우리는 통속적인 메타포로서가아니라 삶에 간섭하는 질병으로서의 에이즈를 한국 소설에서 만나볼수 있을 것이다.

결핵과
러시아
문학

톨스토이를 중심으로

이병훈
아주대 기초교육대학 강의교수

들어가는 말

러시아어로 결핵을 chaxotka라고 하는데, 이 단어는 '여위다'라는 의미를 지닌 동사 chaxnut에서 파생된 것이다. 결핵을 의미하는 러시아어 단어가 결핵 환자들의 일반적인 증상을 반영하고 있는 셈이다. 우리는 이런 예들을 러시아 역사 기록에서 찾아볼 수 있다. 16~17세기에 작성된 『연대기』는 결핵을 치료할 수 없는 질병으로 기록하고 있다. 한번 결핵에 걸리면 치료하기 어려웠다는 의미다. 당시 러시아인들은 결핵 환자의 외모를 염두에 두고 이 전염병을 '지독하게 말라빠지게 하는 병'이라고 불렀다. 또 결핵균으로 인해 뼈와 관절에 틈과 구멍이 난 모양을 보고 '문장(紋章) 무늬의 병'이라고도 했다.

유럽인들에게 결핵은 가장 무서운 전염병 중 하나였다. 19세기 들어 과거에는 없었던 새로운 사회적 환경이 조성되었다. 산업화된 도시가 형성되었고, 이로써 가정과 공장의 인구 밀도가 높아졌다. 또한 과도한 노동으로 노동자들의 건강 상태가 악화되었으며, 실업 등으로 생계 수단을 상실할지 모른다는 두려움과 스트레스가 증가했다. 이 모두가 결핵 발생의 환경적 요인들이다. "1815년 과학자 토머스 영은 네 명당 한 명꼴의 사람이 폐결핵으로 '때 이른 죽음'을 맞는다고 말했다. 그와 거의 비슷한 시기에 파리에서 행해진 검시 결과는 모든 사망자의 40퍼센트가 폐병으로 사망했다는 사실을 보여줬다. (……) 1838년에서 1843년까지 영국에서는 연평균 6만 명 이상이 폐결핵으로 사망했다. 그 후 병리학자들은 자신들이 검시해본 시신 거의 대부분이 살아 있는 동안 이런저런 형태의 결핵을 앓았다는 사실"을 보고했다.*

19세기 말에서 20세기 초 러시아의 결핵 원인 사망률은 유럽에서 최고 수준이었다. 2010년 『결핵에 포위된 크림 지방』이라는 책을 낸 러시아 결핵 전문의 A. 콜레스니크는 1881년 제정 러시아의 공식 통계 자료를 인용하면서 당시 수도였던 상트페테르부르크의 결핵 원인 사망률은 10만 명당 607명, 모스크바는 467명이었다고 지적하고 있다. 그리고 19세기 말 러시아 농촌 인구 중 약 4퍼센트가 결핵 환자였다. 결핵의 발생과 사망률은 특히 그 나라의 사회적 환경과 밀접한 관련이 있었는데, 러시아도 예외가 아니었다. 러시아 농촌 지역에서 부농의 결핵 원인 사망률은 2퍼센트 정도였지만, 빈농의 경우는 7퍼센트에 달했다.

19세기 러시아 작가들도 결핵의 고통과 피해를 잘 알고 있었다. 도

* 프레더릭 F. 카트라이트 · 마이클 비디스, 『질병의 역사(*Disease and Hisory*)』, 김훈 옮김, 가람기획, 2004, 258쪽.

스토옙스키를 비롯한 많은 작가들이 결핵 환자였고, 비평가 벨린스키와 도브롤류보프, 극작가 체호프는 폐결핵으로 사망했다. 이런 이유로 러시아 작가들은 작품에서 결핵을 자주 다루었다. 도스토옙스키는 장편소설 『백치』에서 이폴리트라는 인물을 결핵 말기 환자로 묘사했다. 체호프의 희곡 「이바노프」에 등장하는 주요 인물인 안나 페트로브나도 결핵 환자였다. 이 밖에 체호프의 많은 단편에 여러 명의 결핵 환자가 등장한다.

러시아 작가 중에서 결핵을 가장 구체적으로 형상화한 작가로는 단연 톨스토이를 꼽을 수 있다. 톨스토이는 어느 작가보다도 결핵을 심도 있게 다루었다. 그는 결핵이 인간에게 치명적인 전염병일 뿐 아니라 그것이 사회적 환경과 밀접하게 연관되어 있다는 점을 잘 알고 있었다. 톨스토이 작품에 등장하는 많은 인물들이 결핵을 앓고 있는데, 여기에는 귀족, 농민 등 다양한 계급에 속한 인물이 포함되어 있다. 러시아는 지구상에서 겨울이 가장 길고 추운 나라다. 이런 자연환경과 제정 러시아의 후진적인 사회적 환경이 결핵의 창궐에 일조했다는 것은 자명한 사실이다. 톨스토이도 이 점을 강조하고 있다. 이를 확인할 수 있는 대표적인 작품이 단편소설 「세 죽음」(1859), 장편소설 『안나 카레니나』(1878), 『부활』(1899) 등이다. 이 글에서는 톨스토이가 위 작품에서 결핵을 어떻게 묘사하고 있는지 살펴보려고 한다.

결핵에 대한 임상적 묘사

「세 죽음」은 네 개의 장으로 구성되어 있다. 작가가 각각의 장에 특별한 제목을 붙이지는 않았지만 이 작품의 각 장은 뚜렷한 주제를 담고 있다. 1장은 귀족 부인인 마리야 드미트리예브나가 폐결핵으로 고통받고 있는 모습을 다루고 있고, 2장은 그 집의 마부인 호베도르 영감이 결핵으로 인해 죽는 장면을, 다시 3장에서는 마리야 드미트리예브나의 죽음을, 그리고 마지막 4장에서는 나무의 죽음을 다루고 있다.

소설은 안개 낀 어느 가을날 폐결핵에 걸린 마리야 드미트리예브나가 일행과 함께 마차를 타고 외국으로 치료차 떠나는 장면으로 시작한다. 일행은 그녀의 남편과 의사, 그리고 하녀인 마트료샤와 마부 등이다. 톨스토이는 폐병을 앓고 있는 귀족 부인의 모습을 마치 의사가 환자를 관찰하듯 생생하게 묘사하고 있다.

부인은 무릎에 두 손을 포개고 눈을 감고는 등 뒤에 받친 쿠션에 기대어 힘없이 흔들리고 있었다. 그리고 가볍게 얼굴을 찡그리며 입을 다문 채 기침을 했다. 그녀는 머리에 흰색 나이트캡을 쓰고 있었고, 연약하고 창백한 목덜미에는 담청색 목도리가 둘려 있었다. 똑바로 탄 가르마가 모자 속으로 사라지면서 기름을 발라 단정해진 아마빛 머리를 좌우로 갈라놓았는데, 그 넓은 가르마살의 창백함에는 초췌한 죽음의 그림자가 깃들어 있었다. 생기 없이 누렇게 뜬 피부는 갸름하고 아리따운 얼굴의 윤곽을 흐려놓았고 뺨과 광대뼈 위에는 상기된 붉은빛이 떠올랐다. 마른 입술은 쉴 새 없이 가볍게 떨리고, 성긴 속눈썹은 까칠하였다. 여행용 나사 옷은 꺼진 가슴 위에 직선의 주름살로 접혀 있었다. 눈은 감겼으나 부인의 얼굴에는 피로와 불안, 낯설지 않은 고통의 빛이 드러나 있었다.*

* Толстой Л.Н. Полн. собр. соч. т. Ⅲ. с. 59~60.

'누렇게 뜬 피부'와 '뺨과 광대뼈 위'에 '상기된 붉은빛', '마른 입술' 등과 같은 외형적 특징을 통해 독자들은 귀족 부인이 폐결핵을 앓고 있다는 것을 알 수 있다. 그녀는 마치 죽음의 그림자가 드리운 듯 불안하고 고통스러워한다. 톨스토이는 병중에 있는 귀족 부인을 묘사하면서 그녀의 병색에만 집중하지 않고, 그것을 그녀의 아름다운 용모와 비교하면서 표현한다. 그것은 자칫 환자의 외형적 특징에 대한 묘사가 진료 기록과 같이 무미건조하고 단조로운 기술에 빠질 수 있기 때문이다. 그래서 귀족 부인의 병색은 항상 그녀의 아름다운 용모와 함께 서술된다. 예를 들면, "누렇게 뜬 피부는 갸름하고 아리따운 얼굴의 윤곽을 흐려놓았고 뺨과 광대뼈 위에는 상기된 붉은빛이 떠올랐다"와 같은 경우이다. 여기서 '누렇게 뜬 피부'와 '갸름하고 아리따운 얼굴'은 서로 대비되어 있다. 이러한 묘사 방법은 한 사물 안에 있는 복합적인 특징들을 병렬적으로 드러냄으로써 독자들로 하여금 환자의 병이 얼마나 위중한지 실감케 하는 효과를 자아낸다.

톨스토이가 자주 사용하는 이런 묘사 방법은 한 사물 안의 복합적 특징을 대비하는 것인데, 이것은 필연적으로 서로 다른 사물들을 대비시키는 '변형'을 낳게 된다. 즉, 환자에 대한 묘사는 항상 건강한 사람에 대한 묘사와 짝을 이루게 된다. 작가는 귀족 부인의 허약한 몸 상태와 병의 위중함을 묘사하면서 건강한 하녀의 모습을 동시에 보여준다. 이러한 방법 또한 환자의 상태를 독자들이 생생하게 이해할 수 있도록 도와준다. 다음의 예를 보도록 하자.

하늘은 잿빛이고 날은 추웠으며, 젖은 안개가 들판과 길을 뒤덮고 있었다. 마차 안은 향수 냄새가 진동을 하고 먼지로 숨이 막힐 듯 답답했다. 병든 부인은 머리를 뒤로 돌리며 살며시 눈을 떴다. 커다란 눈은 아름다운 검은색으로 빛났다.

"또 그런다!" 자기 발을 살짝 스치는 하녀의 외투 자락을 예쁘고 야윈 손으로 신경질적으로 밀어내면서 부인은 말했다. 그녀의 입은 병적으로 오므라들었다. 마트료샤는 두 손으로 외투 자락을 거둬 올리고, 억센 발로 일어서서 좀 떨어져 앉았다. 생기 있는 얼굴은 활활 타오르는 듯 붉게 상기되어 있었다. 병든 부인의 아름다운 검은 눈이 하녀의 움직임을 시샘하듯 따라갔다. 부인은 두 손으로 자리를 짚고 좀더 높이 앉기 위해 일어서려 하였다. 그러나 그녀에게는 그럴 힘이 없었다. 그녀의 입은 오므라들었고 얼굴 전체가 무기력하고 심술궂게 비꼬는 표정으로 일그러졌다.*

위의 인용에서 병든 부인의 모습은 '억센 발'을 가지고 있으며, '생기 있는 얼굴'에 '활활 타오르는 듯 붉게 상기되어' 있는 하녀 마트료샤와 대조되고 있다. 부인은 건강한 하녀처럼 자유롭게 운신하려고 하지만 여의치 않다. "부인은 두 손으로 자리를 짚고 좀더 높이 앉기 위해 일어서려 하였다. 그러나 그녀에게는 그럴 힘이 없었다." 귀족 부인은 보통 병자들이 건강한 사람을 부러워하듯이 생기와 힘이 넘치는 하녀의 몸놀림을 시샘하듯이 쳐다본다. 그러나 그녀는 자신이 하녀와 같이 건강하지 못하다는 것을 깨닫고는 무기력해진다. 여기서 톨스토이는 대비되는 인물들을 경쟁 관계로 설정함으로써 병자의 육

* Там же. с. 60.

체적 · 정신적 상태를 역동적으로 보여주고 있다.

결핵과 심리적 요인

       『안나 카레니나』에서는 여주인공 키치가 결핵을 앓는다. 그녀는 호감을 가지고 있었던 레빈의 청혼을 거절하고, 브론스키와의 결혼을 결심한다. 하지만 브론스키는 안나에게 마음을 빼앗겨 키치를 버린다. 키치는 큰 충격에 휩싸이고 급기야 병에 걸린다. 톨스토이는 키치가 결핵 초기 증상을 보이는 것으로 설정한다. 「세 죽음」에서와 달리 작가는 이 소설에서 결핵의 원인에 주목한다. 키치는 유서 깊은 귀족 가문의 딸이다. 부유한 귀족 생활을 영위하던 그녀가 영양 결핍, 불결한 위생, 과도한 노동에 노출되었을 리 없다. 그녀가 결핵을 앓는 이유는 남자에게 버림받아 스트레스를 과도하게 받았기 때문이다. 다음 장면을 보면 알 수 있듯이 키치 스스로 이를 감추지 않는다.

    의사를 대동한 어머니가 키치가 있는 응접실로 들어갔다. 비쩍 마르고, 얼굴에는 홍조를 띠고, 진찰 때 느낀 수치심 때문에 눈이 더욱 반짝이는 키치가 방 한가운데 서 있었다. 의사가 들어서자 그녀는 화들짝 놀라 눈에 눈물이 가득 고였다. 자신이 걸린 병은 물론이고 병을 치료한다는 것도 무척 어리석고 우스꽝스럽게 여겨졌다. 치료라니, 그건 깨진 꽃병을 붙이는 것처럼 말도 안 되는 일로 생각됐다. 그녀의 마음은 산산조각이 났다. 그런데 알약과 가루약으로 대체 어떻게 고치겠다는 말인가?*

* 톨스토이, 『안나 카레니나 2』, 윤새라 옮김, 펭귄클래식코리아, 2011, 242~243쪽.

문제의 원인은 심리적이고 정신적인 데 있다. 마음이 산산조각 났는데 그것을 어떻게 약물로 치료한단 말인가? 이렇게 키치는 자신의 심리 상태를 항변한다. 심리적 요인은 다른 환경적 요인과 다르다. 이것은 매우 개별적이며 특수하다. 19세기의 많은 과학자들이 결핵의 원인과 주위 환경과의 관계를 연구했지만, 결핵이 인간의 심리 상태와 어떤 관계가 있는지에는 주목하지 못했다. 이것은 작가였던 톨스토이의 몫이었다. 그는 다음 장면에서 키치가 결핵을 앓고 있는 여러 이유들 중 심리적이고 정신적인 이유에 주목한다.

의사 둘만이 남자 주치의는 조심스레 자신의 견해를 펼치기 시작했는데 요컨대 결핵 초기 증상 같다는 말이었다. 저명한 의사는 그의 말을 듣다가 중간에 자신의 큼지막한 금시계를 들여다보았다.

"그렇군요." 그가 말했다. "하지만……"

주치의는 말하다 말고 공손히 입을 다물었다.

"당신도 알다시피 결핵 초기 증상을 규명하기란 불가능합니다. 결절이 나타나기 전까지는 확실한 게 전혀 없어요. 하지만 의심은 할 수 있죠. 그리고 징후도 있고요. 부실한 영양 섭취와 신경쇠약 증세 등등. 문제는 이겁니다. 결핵을 의심하는 이 마당에 꾸준히 영양 섭취를 하기 위해 어떤 조치를 취해야 할까요?"

"그런데 아시겠지만, 이런 일에는 언제나 심리적이고 정신적인 이유가 숨어 있게 마련입니다." 알 듯 모를 듯한 미소를 띠고 주치의가 끼어들었다.

"물론 당연하죠." 다시 한번 시계를 들여다본 후 저명한 의사가 대답했다.*

* 톨스토이, 앞의 책, 241쪽.

혼사가 깨지자 키치는 앓아누웠고, 주위 사람들도 이를 알게 되었다. 위 장면에서 키치의 건강 상태에 대해 의사들이 은밀하게 나누는 대화는 이런 사실을 뒷받침하고 있다. 그녀는 모스크바 사교계에서 가장 아름다운 여주인공이었다. 모두가 그녀를 보기 위해 무도회에 나왔고, 남자들은 그녀와 춤을 추려고 경쟁했다. 그녀가 브론스키와 결혼할 것이라는 소문은 최고의 뉴스였다. 그런데 세간의 부러움을 사던 경사가 갑자기 스캔들이 되어버렸다. 언제나 달콤한 말을 건네던 사교계 인사들은 그녀의 불행에 즐거워했다. 키치는 이제 사교계에 얼굴을 들고 나갈 수 없게 되었다. 그날 이후 키치는 식음을 전폐하고 방에 틀어박혀 심한 가슴앓이를 했던 것이다. 물론 톨스토이는 이 과정을 세세하게 묘사하지 않는다. 하지만 독자들은 위의 대목을 읽으면서 그런 상상을 할 수 있다.

여기서 중요한 것은 톨스토이가 키치의 병의 근본적인 원인에 초점을 맞추고 있다는 점이다. 그는 다른 요인들, 예컨대 부실한 영양 섭취, 신경쇠약 등은 부차적인 것이라고 보았다. 그것은 키치가 경험한 개별적이고 특수한 상황과 직접적인 관계가 없었다. 물론 그녀가 꾸준히 영양을 섭취하지 않은 것은 사실이다. 하지만 이런 결과가 초래된 이유, 키치가 결핵 초기 증상을 앓고 있는 더 근본적인 이유는 브론스키와의 이별에 있었다. 즉, 심리적인 요인이 주원인이었던 것이다. '긴장' 혹은 '스트레스'가 결핵 발병률을 높이는 요인 중 하나라는 것은 널리 알려진 사실이다. 같은 환경에서 근무하는 노동자들 중에서 특히 임산부가 결핵에 걸릴 가능성이 높다는 점은 심리적인 요인이 이 전염병의 주요 요인이라는 사실을 뒷받침해준다. 이런 점에서 『안나 카레니나』는 결핵의 심리적 요인을 정확하게 지적하고 있는 대표적인 문학 작품이라고 할 수 있다.

결핵과 사회적 환경

　　　　『부활』은 톨스토이의 마지막 장편소설이다. 주인공 네흘류도프는 젊은 시절 욕망의 대상이었던 카튜샤가 창녀로 전락해 감옥까지 가게 되는 상황을 보고 양심의 가책과 귀족 사회에 대한 회의를 느낀다. 그는 회개하는 심정으로 카튜샤가 끼어 있는 죄수 무리와 함께 시베리아로 이동한다. 여기서 네흘류도프는 죄수들 중 크르일리소프라는 젊은이에게 호감을 갖는다. 그는 결핵을 앓고 있었다. 교도소 생활 중 결핵에 걸린 그는 현 상태로는 얼마 살지 못할 지경이었다. 네흘류도프가 한 숙영감옥에서 크르일리소프를 발견하고 그에게 다가가는 장면에서 작가는 결핵 환자를 다음과 같이 묘사하고 있다.

　　그는 나무 침대 한구석에 방한화 신은 두 발을 오므리고 등을 굽히고서 두 손은 반코트 소매 속에 쑤셔넣고 앉아, 여위고 혈색 없는 얼굴에 열병을 앓는 듯한 눈으로 네흘류도프를 보고 있었다.*

크르일리소프는 네흘류도프가 그를 처음 보았을 때보다 병세가 더욱 악화되어 있다. 시베리아의 겨울 혹한으로 인해 그의 몸 안에 있는 결핵균의 활동이 한층 왕성해진 것이다. 결핵 증상이 심해지기 전 크

---

* 톨스토이,『부활 2』, 박형규 옮김, 인디북, 2004, 246쪽.

르일리소프의 모습을 톨스토이는 아래와 같이 그리고 있다.

크르일리소프는 높다란 나무 침대에 앉아서 무릎을 빈약한 가슴 앞으로 끌어당겨 양 팔꿈치를 무릎 위에 괴고는 열기로 빛나는 아름답고 지혜로우며 선량한 젖은 눈으로 네흘류도프를 보며 말했다.*

『부활』에서 톨스토이는 결핵을 앓고 있는 인물들을 자세히 묘사할 뿐만 아니라 이 전염병이 주변 환경과 밀접한 연관이 있다는 점을 놓치지 않고 지적한다. 그것은 바로 죄수들이 생활하는 감옥의 열악한 조건이다. 결핵은 다른 전염병과 마찬가지로 환자의 건강과 위생 상태에 따라 치료 여부가 결정되는 질병이다. 추운 겨울날 혐오스럽기까지 한 환경 속에서 크르일리소프의 병세가 호전되기를 바라는 것은 무리다. 추위, 악취, 불결, 집단생활 등은 결핵이 전염되기에 더없는 환경을 만들 뿐이다.

병사가 다른 쪽 계단으로 네흘류도프를 인도하여 널빤지를 따라 다른 문이 있는 곳으로 갔다. 안에서 떠드는 소리와 움직이는 소리가 마치 벌떼들이 벌집에서 날아가기 직전의 소음처럼 들려왔다. 네흘류도프가 가까이 다가가 문을 열자 이 시끄러움은 더한층 심해져 소리 지르고 서로 욕설을 해대고 웃어대는 소리로 바뀌었다. 그에 이어 쇠사슬이 맞부딪치며 내는 갖가지 소리가 들리고 이제는 익숙해진 분뇨 냄새와 숨 막힐 듯한 타르 냄

* 톨스토이, 같은 책, 225쪽.

새가 코를 찔렀다.

이 두 가지, 즉 절그렁거리는 쇠사슬 소리에 뒤섞인 떠들썩한 말소리와 견딜 수 없는 악취는 네흘류도프에게 언제나 정신적 구토라고도 할 수 있는 괴로움을 안겨주었고 그것은 점차 실제적인 육체적 구토를 느끼게 하였다. 이 두 가지는 서로 상승작용을 일으켜 하나의 결합체가 되어버렸다.

호송감옥의 현관으로 들어서자 네흘류도프의 눈에 맨 먼저 띈 것은, '똥통'이라고 불리는 지독한 냄새를 풍기는 커다란 통 가장자리에 올라앉은 여죄수의 모습이었다.

(······)

현관을 지나자 복도가 뻗어 있었고 감방 문이 열려 있었다. 첫번째 방은 부부들의 방, 그다음 넓은 방은 독신자용, 복도 맨 끝에 있는 두 개의 작은 방은 정치범들이 있는 곳이었다. 150명 수용 계획으로 세워진 숙영감옥 건물에 450명이나 마구 처넣어서 비좁기란 이루 말할 수 없었고 그들은 복도에까지 넘쳐 나와 있었다.

(······)

"건강은 어떤가요?" 차갑고 떨리는 크르일리소프의 손을 쥐면서 네흘류도프는 물었다.

"괜찮습니다. 한데 몸이 좀처럼 따뜻해지질 않아 걱정입니다. 온통 젖는 바람에." 크르일리소프는 반코트 소매 속으로 한쪽 손을 집어넣으면서 말했다. "그런데다 이곳은 무섭게 추운 곳이에요. 보세요, 창이 다 깨졌답니다." 그는 쇠창살 박힌 창문의 깨진 곳 두 군데를 손가락으로 가리켰다.*

---

* 톨스토이, 앞의 책, 238~239쪽.

당시 일부 사람들은 결핵이 열악한 환경이나 영양 상태와 상관없는 전염병이라고 생각했다. 오히려 결핵을 부유층과 예술가의 상징으로 오해한 사례도 적지 않았다. 하지만 사료를 살펴보면 "18세기 후반에서 제2차 세계대전 때까지 대략 200년 동안, 폐결핵은 특권층 사람들보다 그렇지 못한 사람들 사이에서 훨씬 더 만연했다. (……) 그런 현실 때문에 결핵은 곧 가난을 뜻하는 말처럼 되었다."* 이는 결핵이 환경과 밀접한 연관이 있다는 점을 방증하는 것이다.

위의 인용에서 볼 수 있듯이 결핵을 앓고 있는 크르일리소프에게 감옥이라는 환경은 치명적이다. 그가 머물고 있는 숙영감옥은 겨울의 혹한을 피할 난방 시설도 제대로 갖추지 못한 곳이다. 분뇨와 타르 냄새가 가득한 실내의 불결한 환경은 크르일리소프 같은 폐병 환자에게 득이 될 리 없다. 더구나 150명을 수용할 수 있는 감옥에 450명을 넣었으니 결핵이 전염병이라는 사실을 상기하면 위험천만한 일이 아닐 수 없다. 톨스토이는 이런 디테일들을 묘사하면서 결핵이 전염병이라는 사실을 강조하고 있다. 다시 말해 작가는 결핵이라는 질병의 환경적 요인과 전염성 위험을 경고하고 있는 것이다.

결핵과 죽음의 실재성

문학 작품에서 질병은 자주 죽음의 이미지와 오버랩된다. 죽음이 그와 일정한 인과관계를 형성하고 있는 질병의 이미지로 치환되는 것이다. 그것은 인간이 죽음 자체를 묘사할 수 없다는 사

---

* 프레더릭 F. 카트라이트 · 마이클 비디스, 앞의 책, 257쪽.

실에서 기인하는 것이기도 하다. 죽음은 누구나 경험하는 것이지만 그것은 또한 기억하거나 환원할 수 없는 경험이기도 하다. 죽음은 인간의 마지막 실존적 경험이자 사건이다. 인간의 관점에서 보면 죽음이라는 사건은 수없이 반복되지만 개인의 측면에서 보면 그것은 절대적이며 유일한 사건이다. 톨스토이의 『안나 카레니나』에는 결핵을 통해 죽음의 실재성을 환기시키는 장면이 나온다. 남자 주인공 중 하나인 레빈이 자신의 형인 니콜라이가 결핵에 걸려 죽는 것을 지켜보는 장면이 그것이다. 여기서 결핵이라는 질병은 죽음을 이해하는 중요한 계기가 된다. 먼저 레빈의 눈을 통해 묘사된 말기 결핵 환자의 모습을 보도록 하자.

작고 더러운 방의 페인트칠 된 벽에는 침 자국이 즐비했고 얇은 칸막이 너머에서 하는 말소리가 다 들렸으며 공기에는 질식할 것 같은 악취가 배어 있었다. 벽에서 떨어뜨려놓은 침대에는 이불을 덮은 육신이 누워 있었다. 한 팔은 이불 위에 놓여 있었는데, 갈퀴처럼 거대한 손이 손목에서 팔꿈치까지 가늘고 평평한 긴뼈에 이상하게 붙어 있었다. 베개 위 머리는 옆으로 누여 있었다. 땀에 젖은 듬성한 머리카락이 관자놀이와 투명하기까지 한 넓은 이마에 달라붙어 있는 것이 레빈의 눈에 띄었다.*

레빈은 형이 죽어가는 모습을 보면서 죽음에 대해 사색한다. 그는 아내 키티가 자신은 물론이고 죽음에 대해 심오한 사상을 피력한 어

* 톨스토이, 『안나 카레니나 2』, 442쪽.

떤 현인보다도 죽음에 대해 잘 알고 있다고 생각한다. 그녀는 죽어가는 사람을 두려워하지 않으며, 어떻게 대해야 하는지도 분명히 알고 있기 때문이다. 키티는 죽어가는 사람에게 고통의 경감보다 더 중요한 것은 영혼의 구원이라는 사실도 알고 있다. 레빈을 비롯한 사람들은 죽음에 대해 많은 말들을 하면서도 막상 그것이 무엇인지는 알지 못했다. 그들은 죽음을 두려워했고 사람이 죽어갈 때 뭘 해야 하는지도 알 수 없었다.

　　형의 모습을 보고 죽음을 지근거리에서 접하며 레빈은 죽음의 불가해성과 근접성 그리고 필연성 앞에 느끼는 공포를 또다시 느꼈다. (……) 죽음의 의미를 깨달을 수 있을까, 그는 예전보다 더 자신이 없어졌고 죽음의 필연성은 더욱 두렵게 느껴졌다. 그러나 지금, 아내가 옆에 있는 덕분에 절망하지 않았다. 죽음에도 불구하고 그는 삶과 사랑의 필요성을 절감했다. 사랑으로 절망에서 놓여났고, 절망의 위협 아래 그 사랑이 한층 더 강하고 순결해졌다고 느꼈다.*

톨스토이는 이 장면에서 죽음을 삶 그리고 사랑과 연결시키고 있다. 인간이 죽음의 공포로부터 벗어나는 것은 죽음, 삶, 사랑이 하나의 순환 고리라는 사실을 깨달을 때에만 가능하다는 것이다. 하지만 죽음은 여전히 인간에게 곧 다가올 현재라는 실재성을 갖는다. 그리고 인간은 질병의 고통으로 인해 죽음의 실재성을 보다 생생하게 느낀다.

* 톨스토이, 앞의 책, 465쪽.

톨스토이는 『안나 카레니나』에서 이 문제, 즉 질병의 고통과 죽음의 관계를 면밀히 고찰하고 있다. 고통이 없다면 인간은 죽음 앞에서 공포를 느끼지 않을까? 아니다. 고통이 없는 죽음은 공포 그 자체다. 질병의 고통은 종국에 그 고통의 원천인 육체로부터 벗어나고 싶다는 욕망으로 수렴된다. 극심한 육체적 고통으로부터 벗어날 수 있는 방법은 오직 육체로부터의 해방, 즉 죽음뿐이다. 이런 과정 없이 이르게 되는 죽음은 공포의 심연과 다르지 않다. 톨스토이가 『안나 카레니나』에서 죽음에 대한 이러한 깨달음을 얻을 수 있었던 것은 레빈의 형인 니콜라이가 당시 유행하던 결핵에 걸려 죽음에 이르기 때문이다. 이렇게 보면 톨스토이 문학에서 결핵은 죽음의 실재성과 연결된 하나의 상징이라고 할 수 있다.

감염병과 인문학

음식소설
『드라큘라』

편식증과 '비만 유행병'*

이동신

서울대 영문과 교수

* 2010년 『안과밖』 29호에 「드라큘라 요리하기」라는 제목으로 실렸던 필자의 글을 영미
문학연구회의 양해 아래 수정한 것임을 밝힌다.

1897년 첫 출간 이래 한 번도 절판된 적이 없을 정도로 인기를 누리고 있는 브람 스토커(Bram Stoker)의 『드라큘라(Dracula)』는 그 인기에 걸맞을 정도로 많은 독자들의 미각을 자극해왔다. 그럴 만도 한 것이, 스토커의 작품은 다양한 재료를 써서 만들어진 결과이기 때문이다. 존 폴리도리(John Polidori)의 「뱀파이어(The Vampyre: A Tale)」(1820)로 시작해, 제임스 맬콤 라이머(James Malcolm Rymer)의 『바니 더 뱀파이어, 피의 축제(Varney the Vampyre: Or, the Feast of Blood)』(1847), 그리고 J. 셰리단 르파누(J. Sheridan Le Fanu)의 「카밀라(Carmilla)」(1872) 등에 등장해 19세기에 이미 큰 인기를 누리던 흡혈귀라는 소재에 트란실바니아로 대표되는 동유럽 전설과 역사를 가미한 후 근대 과학의 새로움을 곁들여서 내놓은 요리가 바로 『드라큘라』이다. 20세기 들어 이처럼 다양한 재료에서 나오는 작품의 묘미에 입맛을 들인 이들이 나름대로 이를 재현하려는 가운데 문학뿐만 아니라 만화, 영화, 텔레비전 드라마 등 대중문화에서 흡혈귀를 소재로 한 수많은 아류작이 나왔으며, 그 결과 스토커의 소설은 이른바 원조의 위치를 차지하였다. 한편 19세기 말의 사회·정치·문화적 변화와 그 문제점을 고딕소설이라는 장르에 담아놓은 『드라큘라』는 흡혈귀라는 소재로 얻은 대중적 인기에 걸맞을 정도로 20세기 학자들, 특히 작품 이전의 전통이나 당시 사회의 복잡한 상황을 이해하려는 이들의 구미를 당겨왔다. 트란실바니아와 슬라브족의 역사 및 문화에 초점을 맞추어 드라큘라의 모델을 블라드 대공(Vlad the Impaler)에서 찾거나, 동유럽의 흡혈귀 전설을 소개하는 연구에서 시작해, 동유럽이 아닌 19세기 당시 대영제국의 식민지, 특히 스토커의 모국인 아일랜드의 상황을 보여준다는 주장도 제기되었다. 또한 아브라함 반 헬싱(Abraham Van Helsing)과 존 시워드(John Seward)로 대변되는 근대 과학 지식과, 기차·포노그래프·타자기 등으로 등장하는 근대 과학 기술이 전설과 미신에만 존재하던 드라큘라와 대비되는 면에 초점을 맞추는 연구 등 작품의 재료와 조합 과정을 여러 방식으로 살펴보면서 『드라큘라』비평은 대중적 인기에 버금가는 학문적 품격을 작품에 부여하였다. 그 결과 『드라큘라』는 대중적인 먹거리이면서 동시에 미식가들에게 그 전통을 인정받는 맛거리로서 출간된 지 백 년이 지난 지금도 여전히 회자되는 작품으로 남아 있다.

사실 따지고 보면 『드라큘라』는 기본적으로 인간을 먹을거리로만 생각하는 흡혈귀와 이를 막으려는 인간들 간의 싸움을 그리는 '음식에 대한 소설'이라 할 수 있다. "당신이 먹는 음식이 바로 당신이다(You Are What You Eat)"라는 문구를 그대로 실현하는 소설로서, 무엇을 어떻게 먹느냐는 질문은 등장인물의 정체와 상태를 알 수 있는 지름길이다. 작품 초반에 드라큘라의 성에 머무르던 조나단 하커(Jonathan Harker)는 드라큘라가 "음식을 먹거나 마시는 걸 한 번도 본 적이 없다"는 사실을 깨닫고 그를 "매우 특이한 사람(a very peculiar man)"이라고 단정한다(31).* 그러면서 드라큘라가 주는 음식만 받아먹는 자신의 처지를 갑자기 파악한 듯 "드라큘라의 성은 말 그대로 감옥이고, 난 그 안에 갇힌 죄수다!"라고 소리친다(32). 마찬가지로 그의 아내인 미나(Mina)의 경우 처음에는 마늘이 들어간 음식을, 그리고 나중에는 아무런 음식도 못 먹는 모습을 통해 그녀가 흡혈귀로 변하는 과정이 얼마나 진행했는가를 가늠할 수 있다. 심지어 작품에서 드라큘라의 첫 희생지로 등장하는 부시(Lucy)의 경우엔 먹지 못하는 마늘을 억지로 입에 처넣는 것으로 더 이상 흡혈귀가 아님을 확인한다. 한편 루시의 친구이자 정신과 의사인 시워드의 정신병원에 수감되어 있는 정신병 환자 렌필드(Renfield)는 자기 방에서 파리나 거미, 앵무새 등을 잡아 키우다 시워드가 없애라고 지시하자 이 모두를 산 채로 먹어댄다. 자신의 기묘한 식습관을 꾸짖는 시워드에게 그는 "제가 먹는 음식은 맛도 있고 몸에도 좋습니다. 이들은 생명체, 아니 강한 생명체이기에 저의 수명을 늘릴 것입니다"라고 말한다(69). 살기 위해서 다른 생명체를 먹는다는 렌필드의 설명은 기본적으로 정상적인 인간이 음식을 먹는 이유와 그다지 다르지 않다. 즉 생명을 유지하고 생활을 이

---

* Bram Stoker, *Dracula*(A Norton Critical Edition), ed. Nina Auerbach and David J. Skal(New York: W.W. Norton 1997). 이후 같은 책에서의 인용은 쪽수만 표기한다.

어가기 위해서 음식을 소비한다는 의미에서 보면 요리된 음식을 먹는 인간이나 곤충을 날로 먹는 렌필드, 더 나아가 인간의 피를 빨아 먹는 드라큘라 사이에 별 차이가 없는 것이다. 이처럼 얄팍한 차이로 인해 결국 인간과 흡혈귀 사이의 경계가 전복될 가능성을 걱정하듯 반 헬싱은 곧바로 둘의 식습관이 다르다는 점을 재차 강조하며 말하기를, "드라큘라는 단순히 시간이 지난다고 죽지 않으며 영원히 살 수 있다네. 살아 있는 자의 피로 배를 불릴 수 있다면 그는 잘 지낼 수 있는 거지…… 하지만 바로 이 음식이 없으면 살 수가 없어. 드라큘라는 남들처럼 먹지 않는다네(He eat not as others)"(211). 식습관을 통해 인물을 구별하고, 그리고 이들 간의 싸움을 정당화하는 작품이라는 점에서 『드라큘라』는 한마디로 음식소설이다.

여기서 주목할 점은 식습관의 차이로 생긴 문제를 다룬 『드라큘라』의 세계와 소설이 발간된 지 백 년이 훌쩍 지난 21세기 현대 사회 사이에 묘한 동질감이 존재한다는 것이다. 그리고 이 동질감을 바탕으로 소설을 읽어나간다면 현대 사회의 문제에 대한 진단과 해법을 19세기 말에 쓴 이 작품에서 찾아볼 수 있을지 모른다. 둘 사이의 동질감은 무엇보다도 음식의 중요성에서 나온다. 비록 아직도 세계 곳곳에서 음식은 기아로 고통받는 이들의 생존 여부를 결정하는 식량의 문제로 남아 있지만, 점진적으로 선진국뿐만 아니라 개발도상국에 이르는 수많은 나라에서 음식은 식습관의 문제, 즉 불균형적이고 불규칙한 식습관으로 인해 기아가 아닌 질병으로 생존을 위협하는 문제로 떠오르고 있다. 이미 지난 1997년 세계보건기구(WHO)는 '비만유행병(obesity epidemic)'이라는 용어를 만들어 불균형한 식습관으로 인한 폐해가 단순히 개개인이 살이 찌고 건강이 악화되는 수준이 아니라 전 세계적 전염병 수준에까지 이르렀음을 알린 바 있다. 즉 비만은 당뇨병, 심장질환 등 각종 질병의 직접적 원인이며, 세계 각국에서 도시화 및 산업화가 빠르게 진행되면서 더 이상 선진국에만 국한된 현상으로 남아 있지 않는 현실에 이르렀다. 하지만 '비만 유행병'으로 대변되는 오늘날의 식습관 문제는 단지 비만과 그 결과로 인한 질병에만 국한되어 있지는 않다. 수전 알포트(Susan Allport)가 지적하듯이 "오늘날의 음식 환경에 있어서 음식의 다양성(diversity) 대신 밀도(density)가 주가 되었고, (가장 극명하게는) 비만과 같은 새로운 형태의 영양실조로 이어졌다."* 다시 말해, 몇 가지로 편중된 음식을 과도하게 섭취하는 식습관으로 인해 절대적인 음식 섭취량이 늘어났음에도 불구하고 영양실조 증세가 늘어나는 역설적 상황에 처해 있는 것이다. 이와 더불어 '비만 유행병'에서 비만은 개인의 "폭식과 자기 절제의 결여"로 발생하는 결과라기보다는 "주어진 환경(built environment)"에 의한 것으로, "사회에 의해 만들어진 노동, 생활 조건에 따른 음식 소비와 신체 활동의 제약"이라는 사회적 문제를 의미한다.** 이처럼 '비만 유행병'을 필두로 한 현대 사회의 식습관 문제는 『드라큘라』 세계에서의 식습관이 그러하듯 개인적 차원을 넘어 사회 구성원 모두를 위협하는 심각한 전염병이다.

---

* Susan Allport, "The Obesity Epidemic", *Gastronomica: The Journal of Food and Culture* 3.4(Fall 2003), p. 97.
** Benjamin Caballero, "The Global Epidemic of Obesity: An Overview", *Epidemiologic Review* 29(2007), p. 1.

『드라큘라』의 세계와 현대 사회의 동질감은 드라큘라의 식습관과 '비만 유행병'의 원인이 유사한 특징을 지니고 있다는 점에서도 재차 확인할 수 있다. 작품에서 피만 먹는 특이하면서도 불균형한 식습관에서 볼 수 있듯이 드라큘라는 극심한 편식증 환자이고, 더 큰 문제는 그의 편식증이 급속도로 퍼져가고 있다는 것이다. 인간을 자신과 같은 흡혈귀로 만드는 드라큘라의 행동 이면에는 편식증을 유일한 식습관으로 만들려는 야심이 숨어 있다. 마르크시즘적 접근 방식을 도입해 『드라큘라』에 담긴 자본주의 비판을 읽어낸 문학비평가 프랑코 모레티(Franco Moretti)는 이와 같은 편식증 보균자와 그다지 다르지 않은 모습으로 드라큘라를 그리고 있다. 모레티에 따르면 "드라큘라는 진정한 독점 자본가이다. 그는 혼자 활동하고 독재적이며, 결코 경쟁을 용납하지 않는다. 독점 자본처럼 그의 야망은 자유민주시대의 마지막 자취까지 자신에게 예속시키고 모든 형태의 경제적 독립을 없애려는 데 있다."[*] 더 나아가 그는 "완전한 경제적 개인주의를 추구하는 이들, 즉 자신만의 이익을 추구하는 이들은 자신들이 알지 못하는 가운데 뱀파이어의 가장 뛰어난 협력자가 되고 있다"고 설명하면서, 드라큘라의 편식증이 가진 치명적인 영향력을 지적하고 있다.[**] 다시 말해서 독점 자본주의가처럼 타인을 자신의 목적을 위한 수단으로만 삼으려고 하는 드라큘라의 계획은 이들이 흡혈귀가 되는 순간, 즉 모두가 피만 먹는 편식증에 따라 행동하는 순간에 완성된다고 할 수

---

[*] Franco Moretti, "A Capital *Dracula*", *Dracula*(A Norton Critical Edition), ed. Nina Auerbach and David J. Skal(New York: W.W. Norton 1997), p. 433.
[**] 위의 책, 443쪽.

있다. 그 예로 드라큘라 성을 헤매는 조나단의 피를 빨아 먹으려던 세 명의 여자 흡혈귀가 있다. 비록 이들이 조나단을 내버려두라는 자신의 명령을 어겼지만 그 이유가 피를 향한 편식증 때문이라는 사실을 알기에 드라큘라는 그들을 혼내기보다는 자신이 잡아 온 음식을 던져줌으로써 잃어버렸던 통제력을 쉽게 되찾는다(41∼43). 루시의 경우에도 그녀의 식성이 흡혈귀적 편식증으로 바뀌었기에 약혼자인 아서(Arthur)에 대한 사랑이나 인간으로서의 존엄성보다는 피를 먹어야 한다는 욕구가 우선한다. 그 결과 무덤 앞에서 자신을 막아서는 성인 남자들을 대면하자 루시는 "뼈다귀를 뺏기지 않으려는 개처럼 으르렁대며" 꼭 붙잡고 있던 아기를 내버린다. 대신 더 큰 음식인 아서를 유혹하며 "이리 와요, 아서. 다른 사람들은 놔두고 저한테 오세요. 제 두 팔은 당신으로 배가 고프답니다(My arms are hungry for you)"(188).* 즉 드라큘라의 편식증을 그대로 답습하며 루시는 그의 분신으로서의 역할을 완벽히 수행하고 있는 것이다.** 마치 대중의 취향과 자유를 제

---

* 필자의 번역은 물론 직역으로, '당신을 안아주고 싶어요'라고 통용되는 의미를 오역한 것이라고 할 수도 있지만 '편식증'이라는 주제에 따라 소설을 읽는다면 충분히 가능한 번역이다.

** 미나도 예외는 아닐 것이다. 하지만 드라큘라는 그녀의 식성이 완전히 흡혈귀로 변하기 전에 사라졌기에 루시의 경우에서 볼 수 있는 만큼의 통제력을 행사하지는 못한다. 물론 여성 인물들의 변화는 주로 성적인 의미로 해석되는 경우가 많았다. 즉, 『드라큘라』 비평의 장을 열면서 가장 활발한 논의가 이루어진 접근 방식이라고 여겨지는 섹슈얼리티(sexuality) 비평은 정신분석 이론, 페미니즘, 동성애 연구 등의 이론적 토대 위에서 진행되어왔다. 하지만 성욕 대신 식욕을 강조하는 필자의 생각은 이와 같은 섹슈얼리티 비평적인 해석을 거부하는 것이 아니라 소설 내에 다양한 욕망들이 섞여 있음을 확인한다는 의미임을 밝혀두고자 한다.

한하고 통제하면서 자신의 이익만을 좇는 악덕 자본가처럼 드라큘라는 자신의 권력을 키운다는 이기적인 목적만을 추구하고 있으며, 이를 위한 수단으로 그는 편식증을 인간에게 전염시키고 있다.

또한 20세기 후반의 병적인 식습관의 문제가 그리하듯이 드라큘라의 위협은 직접적인 감염으로 편식증을 유발하는 데 머무르지 않고 생활 습관의 변화를 통해 간접적으로 편식증을 유행시킨다. 루시와 미나처럼 드라큘라에게 물린 이들뿐만 아니라 다른 등장인물들도 드라큘라를 쫓느라고 제대로 음식을 즐기지 못하기 때문이다. 죽은 루시의 목을 자르고 입안에 마늘을 처넣는 등의 흡혈귀 제거 절차를 마친 후 반 헬싱은 함께했던 이들에게 드라큘라를 찾아 없애는 일이 마침내 시작되었음을 선언하며 "이틀 밤이 지난 후에 모두 나하고 일곱 시에 만나 조나단과 함께 저녁을 먹도록 하지"라고 명령한다(193). 또한 루시가 흡혈귀라는 것을 확인하고 드라큘라의 존재를 확신한 후 시워드는 미나에게 다음과 같이 말한다. "자, 이리 오세요. 저녁이 준비되어 있습니다. 우린 앞으로 벌어질 일을 위해서 반드시 서로에게 힘이 되어야 합니다. 우리 앞엔 잔인하고 끔찍한 일이 기다리고 있으니까요. 저녁을 다 드신 후에 나머지 이야기를 해드리겠습니다"(198). 마치 드라큘라를 쫓기 위해 통과해야 하는 의식처럼 식사를 제안하는 반 헬싱과 시워드의 말을 비틀어보면 식사는 단지 일을 하기 위한 전제 조건이라는 뜻으로 볼 수 있다. 음식을 드라큘라를 쫓는 일과 결부시키려는 시도가 이후에도 계속된다는 사실은 조나단의 일기에서 엿볼 수 있다. 그는 미나가 흡혈귀로 변해간다는 사실이 모두에게 알려진 후 "우리는 삼십 분 뒤에 서재에서 만나 식사를 하기로 했다. 왜냐하면 반 헬싱과 시워드 박사가 입을 모아 얘기하듯이 먹지 않으면 최선을 다하지 못할 것이기 때문이다"라고 적고 있다(252). 얼핏 드라큘라의 편식증과 비교해서 일을 위해서만 음식을 먹겠다는 식습관은 달라 보인다. 하지만 인물들의 이러한 식습관은 예기치 않은 역설적 결과를 자아낸다. 즉, 음식을 더 이상 즐기지 못하고 드라큘라를 없애겠다는 단 하나의 목적에만 이끌려 사는 인물들은 음식만을 위해서 사는 드라큘라와 별반 다르지 않은 상태로 전락하고 만다. 흡혈귀적 편식증에 맞서 싸운다는 구실로 자신들의 생활을 한군데에 편향시키는 이른바 '생활적 편식증'에 걸리면서 이들은 결국 드라큘라가 있든 없든 상관없이 그에게서 자유롭지 않은 환자의 삶을 살아가는 것이다. 한마디로 '입맛 떨어지는' 병적인 존재라고 할 수 있는 드라큘라는 등장인물들에게 간접적으로 편식증을 유행시키면서 그 영향력을 사회 곳곳에 퍼뜨리고 있다.

소설에서 드라큘라의 편식증의 간접적인 영향력이 가장 도드라지는 부분은 글에 대한 입맛, 즉 인물들의 글쓰기/글 읽기 방식이다. 어쩌면 드라큘라를 없애는 과정을 주도한 반 헬싱이 모두가 같이 글을 쓰고 읽는 습관을 강조했다는 점에서 글에 대한 입맛이 변하는 일은 충분히 예측 가능한 결과이다. 하지만 이 변화가 역설적으로 드라큘라의 영향력을 여실히 보여주는 쪽으로 진행한다는 사실은 예상 밖의 일이다. 우선 글쓰기에 있어서 시기적으로 드라큘라가 등장하기 전에 쓴 글은 일기, 편지, 녹취문, 신문 기사 등 다양한 형태의 여러 내용을 담고 있었으며, 또한 속기나 축음기 등 다양한 방식으로 기록되었다. 이처럼 다양성이 풍부한 글쓰기 습관이 가지는 장점은 미나의 일기에서 찾아볼 수 있다. 미나는 속기로 일기를 적으며 "여기에 이렇게 내 생각을 표현하다 보면 정말 마음이 편안해진다. 마치 나 자신에게 속삭이면서 동시에 그 말을 듣는 느낌을 받기 때문이다. 속기에는 그냥 글쓰기와 다른 무언가가 있다"라고 고백한다(72). 마찬가지로 드라큘라를 추격하던 시워드는 "축음기가 정말 그립구나! 펜으로 일기를 쓰는 일은 정말 날 답답하게 한다"라고 적으며 다양성이 사라진 글쓰기를 아쉬워하고 있다(291). 하지만 인물들의 식습관이 일을 위한 준비과정으로 바뀌기 시작하면서 이처럼 개인성을 보장하는 다양한 글쓰기도 드라큘라를 없앤다는 목표 아래 모두 통합되어 "전체적으로 연결된 이야기(a whole connected narrative)"를 만들어내고 이를 타자기로 쳐내는 작업으로 대체된다(199). 결국 이렇게 모인 글은 이후 많은 이들에게 맛깔스러운 『드라큘라』라는 소설이 되었지만, 정작 그 글을 쓴 인물들에게는 다시 보기도 싫은 쓰레기 취급을 받는다. 작품 결말에서 조나단은 드라큘라의 정체를 밝히고 없애는 동안 자신과 몇몇 인물들이 그처럼 꼼꼼히 기록하고 아내인 미나가 정성껏 타자로 쳐놓고, 또 모두가 열심히 읽었던 글을 몇 년이 지난 후 다시 쳐나보면서 "그저 타자기로 쳐낸 아무짝에도 쓸모없는 종이 뭉치(nothing but a mass of type-writing)"라고 무시한다. 여기에 반 헬싱도 맞장구를 치며 이 글은 다시 볼 필요도 없다고 하면서 "우리에게 증거는 필요 없다(We want no proof)"라고 단언한다(327). 즉, 조나단을 비롯한 살아남은 인물들에게 『드라큘라』는 마치 영양소가 다 빠지고 상해서 이제 맛도 없고 보기에도 역겨운 음식마냥 입맛 떨어지는 글일 뿐이다. 그리고 드라큘라가 사라진 후에도 여전히 『드라큘라』를 즐기지 못하고,

또한 별다른 글을 남기지 못한다는 사실을 생각해볼 때 인물들의 글에 대한 입맛이 사라진 이유는 흡혈귀적 편식증이 좀더 지속적인 생활 습관으로 자리잡았다는 추측을 가능케 해준다. 결국 흡혈귀적 편식증으로 인물들의 식습관을 바꾼 드라큘라는 사라진 후에도 그들의 생활 곳곳에서 보이지 않는 영향력을 행사하며 여전히 위협적인 존재로 남아 있다.

편식증이라는 전염병에 감염되거나 혹은 그 영향력에 의해 감염자와 같은 삶을 살아가는 인물들을 다루는 작품으로서 『드라큘라』는 불균형한 식습관으로 인해 '비만 유행병'이란 이름 아래 각종 질병의 위협을 받고 있는 현시대의 상황을 떠올리게 하는 작품이다. 하지만 그렇다고 해서 소설이 편식증의 위험을 극화하는 데 머무른 것은 아니다. 결말에 편식증의 진원지인 드라큘라의 성에 가서 일차보균자인 드라큘라를 죽인다는 내용에서도 알 수 있듯이 소설은 이러한 병적 상황을 극복할 수 있는 가능성을 분명히 내포하고 있다. 사실 이 가능성은 드라큘라가 등장하기 전인 작품의 서두에서부터 확인할 수 있다. 드라큘라의 성으로 가는 일정을 시작하면서 조나단은 여행자마냥 지역의 특색 음식을 맛보고 즐기면서 아내인 미나를 위해서 요리법을 받아야겠다고, 그것도 두 번씩이나 일기에 적어놓는다. 우선 로얄 호텔(The Hotel Royale)에서 후추가 들어간 닭고기 요리를 맛있게 먹고서 그는 "미나를 위해 요리법을 받아둘 것(get recipe for Mina)"이라고 메모를 남기고 종업원에게 요리의 이름을 묻는다(9). 종업원에 따르면 이 음식은 "파프리카 헨들(paprika hendl)"이라고 불리는 루마니아의 전통 음식이며 카르파티안 산맥(the Carpathians) 지역 어디서든지 구할 수 있다고 한다(9). 다음날 아침으로는 "마말리가(mamaliga)"라고 불리는 "일종의 옥수수 가루로 만든 죽(a sort of porridge of maize flour)"과 "임플레타타(impletata)"라고 불리는 가지에 여러 종류의 고기(forcemeat)를 채워 넣은 음식을 먹고는 아주 맛있어 하면서 다시 요리법을 받아두겠다고 일기에 적어놓는다(10). 이후 드라큘라를 쫓기 시작하면서 일의 일부가 된 식사와 분명히 대비되는 모습으로 조나단은 새로운 음식을 단지 즐기는 것뿐만 아니라 요리법을 알아두어 자신의 식단을 다양하게 하려는 의지를 보인다.

드라큘라에 대한 추격이 시작된 이후에도 잠시지만 편식증적 식습관을 극복하는 순간이 있다. 바로 조나단이 드라큘라의 이마에 칼자국을 남기는 격렬한 하루를 보낸 후 인물들이 한데 모여 저녁을 먹는 장면이 그것이다. 여태껏 음식을 드라큘라를 쫓는 일의 일부로 생각하던 것과 비교하면 이날 저녁을 먹는 인물들은 사뭇 다른 모습을 보여준다. 시워드는 이 저녁에 대해 다음과 같이 적는다.

우리는 다소 형식적인 저녁을 함께했다. 내가 보기엔 그 덕분에 모두의 기분이 어느 정도 밝아진 것 같았다. 아마도 그건 배고픈 사람들이─실제로 우린 아침부터 아무것도 먹지 못했다─단순히 고기 음식에서 나오는 열량을 즐긴 탓인지도 모른다. 아니면 같은 배를 탔다는 기분이 들어서 그런지도. 아무튼 우리 모두 비참하던 기분이 좀 사라진 것처럼 느꼈고, 내일은 좀더 상황이 나아질 것이라는 희망도 가지게 됐다(268).

이전처럼 일을 하기 위해서도 아니고, 또한 드라큘라처럼 음식에

만 집중하지도 않으면서 함께하는 식사를 즐기는 이들의 모습에서 흡혈귀적 편식증에서 벗어날 수 있는 가능성을 엿볼 수 있다. 저녁 후에 곧바로 여태껏 드라큘라의 추격에 수동적으로 참여하던 미나가 능동적으로 바뀌는 일은 아마도 우연이 아닐 것이다. 실제로 추격을 시작하기 전에 미나는 다양한 글쓰기/글 읽기의 양상을 보여줌으로써 편식증적 글쓰기/글 읽기를 극복할 가능성을 보여주었다. 그녀는 친구인 루시를 걱정하면서 편지를 쓰고, 남편이 될 조나단에게 보여주기 위해 쓴 일기에는 사회에 대한 자신의 관심을 반영하듯 신문 기사를 군데군데 삽입하였다. 심지어 드라큘라의 등장 이후에도 루시의 마지막 날들을 기록한 시워드의 축음기 실린더를 받으면서 루시에게만 전해 들었던 둘 사이의 "진실한 사랑의 또 다른 이야기"에서 "무언가 기분이 좋아지는 사실을 알게 되지 않을까" 하고 기대하였다(196). 하지만 드라큘라의 추격이 본격적으로 시작되자 미나는 남들의 글을 모아서 타자를 치는 수동적이고 부수적인 일만 맡는다. 그런데 여유롭게 저녁을 먹은 후에 미나는 갑자기 최면을 걸어달라고 부탁하며 "새벽이 오기 전에 저에게 최면을 거세요. 왜냐면 그때가 제가 자유롭게 말할 수 있을 시간이니까요"라고 지시한다(271). 드라큘라에 관한 "잘 연결된 이야기" 때문에 속기에서 느꼈던 자유를 잃었던 그녀는 자신만이 전할 수 있는 이야기를 찾음으로써 다시 "자유롭게 말할 수" 있게 된 것이다. 이 순간부터 좀더 자유로워진 미나는 이후에 나름대로의 글 읽기를 통해 드라큘라의 행보를 추측하는 "미나 하커의 제안서"를 작성한다(304~306). 리아 리차즈(Leah Richards)는 이 장면에서 미나가 "전보나 특급열차가 하지 못했던 일을 해내는 인간의 능력"을 보여준다고 주장한다.* 즉 "비록 일률적이고 비개성적이 되었다 하더라도 인물들의 글은 여전히 개인들의 작품이라는 사실"을 입증하는 것이다.** 만약에 그녀가 되찾은 자유가 저녁을 먹으면서 잠시나마 다시 돌아온 음식에 대한 입맛에서 시작했다고 생각한다면 지나친 상상일까?

식생활 방식과 문화적, 역사적, 사회적 특성 사이의 연관성을 연구하는 가운데 최근 학문적 관심이 모아지고 있는 분야인 음식사회학(food studies)의 입장에서는 분명 지나친 상상은 아닐 것이다. 음식사회학에 따르면 "음식은 순간적으로 사라지는 제품인 동시에 지속적으로 유지되는 문화적 관습"이다.*** 즉, 음식은 한 문화집단의 역사를 담아내는 통시적인 관습인 동시에 특정 시기에 일어난 그 집단의 변화를 가늠하도록 도와주는 공시적인 자료로서 아르준 아파두라이(Arjun Appadurai)의 말처럼 "고도로 집약된 사회적 사실"이다.**** 그러므로 파비오 파라세콜리(Fabio Parasecoli)가 지적하듯이, "우리가 음식을 고르고, 저장하고, 준비하고, 요리하고, 먹고, 소화시키고 그리고 배출하는 방식은 우리가 외부 세계 및 다른 이의 몸과 어떻게 관계를 맺을지를 결정한다. 따라서 이처럼 음식에 있어 중요한 여러 요소들이 각가지 형태의 통제를 도모하는 권력 행위성(agency)과 무관하다고 생

---

* Leah Richards, "Mass Production and the Spread of Information in *Dracula*: 'Proofs of so wild a story'", *English Literature in Transition*, 1880~1920 52.4(2009), p. 443.
** 위의 책, 443쪽.
*** David A. Davis, "A Recipe for Food Studies", *American Quarterly* 62.2(2010), p. 366.
**** Marike van der Veen, "When Is Food a Luxury?", *World Archaeology* 34.3(2003), p. 405에서 재인용.

각하는 것은 어리석은 일이다."* 특히 서로 다른 집단, 인종, 민족, 국가들이 교류하거나 혹은 한쪽이 다른 쪽에 병합 혹은 귀속되는 상황에서 일어나는 문화적, 생활적, 물질적 변화와 그에 대한 저항 또는 동조를 세밀하게 보여주는 지표로서 음식이 가지는 중요성을 결코 간과해서는 안 될 것이다. 같은 의미에서도 음식은 『드라큘라』에 있어서 중요한 주제일 수밖에 없다. 왜냐하면 크리스틴 퍼거슨(Christine Ferguson)이 밝히듯이 스토커의 소설은 "후기 빅토리아조 영국의 문화와 대중소설"과 마찬가지로 당시의 "전복적인 요인들의 위협에 맞서 순수하고 동종(homogeneity)적이며 변함없는 국가적 정체성을 보존하려는 데 사로잡혀 있다"고 알려졌음에도 불구하고 정반대로 "순응, 동일성, 위계질서 등의 가치를 저주한다(anathematizes)"는 관점에서도 읽힐 수 있기 때문이다.** 데이비드 글로버(David Glover)의 적절한 표현을 빌리자면 이 작품에는 "갖가지 경계에 대한 문제로 인한 시대적 불확실감이 (……) 새로운 방식으로 다시 나타나고 있다."*** 따라서 19세 말 영국 제국주의의 결과로 다민족, 다인종, 다문화의 중심지로 떠오르던 런던을 배경으로 단순한 외형적인 교류가 아닌 피라는 매개체로 이루어지는 보다 근본적인 통합 가능성과 그 문제점을 보여주고 있는 『드라큘라』에서 드라큘라의 편식증에 대한 치유의 첫 단계

---

* Fabio Parasecoli, "Food and Pop Culture: Teaching Critical Theory through Food", *Food, Culture & Society* 7.1(2004), p. 149.

** Christine Ferguson, "Nonstandard Language and the Cultural Stakes of Stoker's *Dracula*", *ELH* 71(2004), p. 229.

*** David Glover, "'Our Enemy Is Not Merely Spiritual': Degeneration and Modernity in Bram Stoker's *Dracula*", *Victorian Literature and Culture* 22(1994), p. 250.

로서 다양한 음식과 여유로운 식습관이 강조된다는 사실은 놀라운 일이 아니다.*

더구나 드라큘라가 보여주는 편식증이 식습관뿐만 아니라 생활 습관 그리고 궁극적으로 개인의 사고방식과 사회의 변화 방식을 결정할 수 있다는 점을 생각해본다면 다양한 음식과 식습관의 중요성은 한층 더 늘어난다. 『드라큘라』 이후의 근대사회의 역사를 살짝 훑어보기만 해도 그 중요성을 쉽게 가늠할 수 있다. 19세기 말 이후 현대사를 점철해온 국수주의, 파시즘, 인종주의, 종교적 원리주의 등 다양성을 억누르는 편식증적 이데올로기가 그 증거이다. 두 차례 세계대전과 갖가지 크고 작은 지역 분쟁으로 인해 겪은 엄청난 피해와 고통을 생각해보면 드라큘라의 위협은 소설 속에서보다는 밖에서 더 커 보인다. 그럼에도 불구하고 다민족 및 다문화주의 등 다양성을 지향하는 정치적, 사회적 그리고 문화적 노력들이 끊임없이 유지되어왔다는 점은 편식증적 이데올로기나 그로 인해 발생했던 참혹한 사건들을 견디고 "지속적으로 유지되는 문화적 습관"이 있음을 확인시켜준다. 한 예로 최근 직접적으로 음식에 있어서도 일률적인 패스트푸드 유행에 맞서 지방색을 살리는 음식을 보존 혹은 개발하고 요리와 식사의 즐거움을 되찾는 슬로푸드 운동(slow food movement)이 있다.** 그리고 이 운동

---

* 물론 스토커의 소설에서 음식이 가진 유비적 의미에 주목하는 이 글은 인류학이나 사회과학적인 현장 연구를 강조하는 본격적인 음식사회학적인 글과는 그 성격이 다르다. 하지만 그러한 유비적 의미를 시작으로 작품 내의 음식에 대한 음식사회학적 연구가 앞으로 가능하다는 점을 필자는 밝혀두고자 한다.

** 국제슬로푸드재단의 웹사이트(www.slowfood.com)에 따르면 이 운동은 1986년에 시작하였으며, 그 운영철학으로 "모두가 삶의 즐거움에 대한 권리가 있으며 따라서 이 즐거

이 확산된다면 '비만 유행병'이 설 자리는 그만큼 줄어들 수밖에 없을 것이다. 물론 『드라큘라』 같은 문학 작품을 요리조리 맛보려는 시도도 빼놓을 수 없다. 마찬가지로 『드라큘라』를 원조로 두고 자신이 속한 사회와 시대의 취향에 맞게 나름대로 만들어진 아류작들도 이에 한몫을 하고 있다. 어쩌면 스토커의 소설의 묘미는 그 안에 담긴 다양한 재료와 그 조합에서 나오는 만큼이나 서로 다른 독자와 학자 그리고 문화 창작자가 자신들의 정치, 사회, 문화적 배경에서 나오는 색다른 재료를 이용해 일종의 『드라큘라』적 퓨전음식을 만들어가는 과정에서도 찾을 수 있다고 해도 과언은 아닐 것이다. 그리고 이와 같이 『드라큘라』가 실천하는 '문화적 습관'은 다양성을 지켜준다는 점에서 편식증적 이데올로기의 폐해가 점차 인류 및 지구 전체에 미치는 21세기에 더욱 강조되어야만 한다. 그리고 '비만 유행병'을 필두로 한 편식증과 그 폐해를 극복할 '문화적 관습'이 필요한 21세기에 『드라큘라』가 다시금 중요한 소설로 회자되어야 하는 이유도 바로 여기에 있다.

움을 가능하게 해주는 음식 전통, 관습, 문화를 지켜야 할 책임이 있다"고 밝힌다. 이 운동은 "생태적 미식(eco-gastronomy), 즉 음식과 지구에 강한 연관성이 있다는 깨달음"에 기반하고 있다. 한편 서양식 패스트푸드에 지방색을 가미하려는 시도는 제임스 L. 왓슨(James L. Watson)과 멜리사 L. 콜드웰(Melissa L. Caldwell)이 편집한 *The Cultural Politics of Food and Eating: A Reader*에 잘 정리되어 있다. 한 예로 이 책에서 에리베토 P. 로자다(Eribeto P. Lozada, Jr.)는 중국, 특히 북경에 소개된 켄터키 프라이드 치킨(KFC)이 어떻게 변화하는지를 소개한다. 패스트푸드 등 서양 문물이 동양에 수동적으로 도입되며 "세계적 자본주의 시스템"을 구축하고 있다고 비판하는 학자들과 반대로 로자다는 북경에서 KFC가 점차적으로 중국식으로 바뀌면서 지방색을 띠고 있다고 지적한다.

에이즈와
공공미술

사적인 것은 공적인 것

이주은

건국대 문화콘텐츠학과 교수

의학의 목적은 설명하기 어려운 인간의 몸을 좀더 투명하게 부각시키는 것에 있다. 몸을 바라보는 의학적 시선은 어느덧 대상을 관찰하고 편집하는 데에 그치는 것이 아니라, 개인에 관한 지식을 만들어내는 창조자의 자리에 올라서게 되었다. 1980년대에 전 세계인을 공포에 떨게 했던 후천면역결핍증(AIDS)도 병의 원인을 동성애라든가 성적 무절제, 마약중독 등과 관련지으면서 그 병에 걸린 사람들을 주변화시켰다.

1980년대에는 에이즈의 존재를 밝힌다 한들 일단 감염되면 손을 쓸수 없으며 철저한 예방만이 에이즈 퇴치의 유일한 길이라는 의학적 태도가 만연했다. 첫 증상을 보인 후 얼마나 오래 견딜지는 의사들마다 어느 정도 차이를 보였으며, 후기에 이르면 아무도 그 처방을 알지 못했다. 그러니 해결할 수 없는 질병의 문제를 둘러싸고 얼마나 많은 이야기가 생겨나고 있었을지 짐작할 수 있다.

에이즈는 소위 '정상적인' 성생활을 하는 중상류층보다는 성 소수자 및 일탈적 환경에 노출된 무질서한 사람들이 주로 걸리는 병이라고 인식되면서, 에이즈에 걸린 사람은 타락하고 오염된 저주받은 자라는 숨은 의미가 따라붙었다. 에이즈에 대한 그러한 은유는 1990년대에 이르기까지 멈출 줄 몰랐다.

인류의 문명사에서 개별성에 대한 경험은 죽음이라는 문제와 연결되어 있었다. 개인의 삶이란 생명력을 위협하고 파괴하려는 힘과 죽음과의 관계성을 통해 이해되는 어떤 것이었다. 즉, 삶은 죽음으로 이어져 있으며 그 사이에 질병이 있었다. 19세기 이래 생명, 질병, 죽음의 관계가 인간의 몸 위에서 과학적으로 고려되고 의학적 지각 안에서 구조화되었다. 더 이상 죽음을 종교적인 문제가 아니라 의학적 사고 안으로 포섭할 수 있었기에 개인에 대한 과학이 가능할 수 있었다. 죽음을 영원한 내세로의 관문이 아니라 개인의 유한한 삶을 위협하는 존재로 받아들이는 과정에서, 의학과 관련된 수많은 담론이 가능해졌던 것이다.

하지만 에이즈와 같은 전염병의 문제는 개별적인 죽음의 문제에 그치지 않았고, 사회적인 불안을 조장하고 있었다. 에이즈 그 자체에 대한 것보다는 에이즈를 둘러싼 개인의 행위와 성향, 그리고 더 나아가서는 사회의 무질서와 도덕성이 거대한 의학적 담론을 형성하고 있었다. 에이즈 환자의 사회적 상태는 일반인들과 결코 동등하게 간주되지 않았다. 에이즈 환자의 몸은 병균의 매개자이기 때문에 사회적으로 통제가 필요한 대상이 되었던 것이다. 특히 동성애자의 몸은 전염병의 진원지라고 여겨졌기 때문에 관심의 초점이 되었다. 이러한 의학적 배경 아래에서 예술가들은 병균과 고독하게 투쟁하면서 대중을 향해 사적이면서도 공적인 메시지를 전달하고자 했다.

에이즈를 다루는 미술은 게이와 레즈비언 등 성 소수자의 권리를 주장하는 사회 운동과 연결되어, 집단적 형식의 공공미술 프로젝트로 나타나곤 했다. 그 대표적인 예로 1985년 미국 샌프란시스코에서 클리브 존스(Cleve Jones)에 의해 발족된 「이름 프로젝트: 에이즈 추모 퀼트(The NAMES Project: AIDS Memorial Quilt)」를 들 수 있다. 이 프로젝트는 에이즈로 인해 사랑하는 가족과 연인을 잃은 사람들이 죽은 이의 이름을 천 위에 퀼트로 새겨 패널을 만들고, 마치 퀼트 조각보를 만들듯 연결하는 방식으로 오랜 기간에 걸쳐 행해졌다. 미국에서 퀼트 조각보는 결혼을 앞둔 신부에게 가족과 친구들이 개별적인 기억들을 담아 한 쪽씩 만들어 선물한 것을 이어붙인 것으로, 추억이라는 특별한 의미를 가진다. 에이즈로 목숨을 잃은 천여 명의 샌프란시스코 주민들을 기리는 이 집단 공동 작업은 1987년 10월 11일에 처음으로 1,920점의 패널을 모아 전시했고, 동시에 게이와 레즈비언의 인권을 위한 행진도 이루어졌다.

이 글에서 살펴볼 예술가는 키스 해링(Keith Haring, 1958~1990)과 펠릭스 곤잘레스-토레스(Felix Gonzales-Torres, 1957~1996)인데, 이들 역시 공공미술의 형태로 에이즈의 주제를 다루었다. 둘 다 에이즈를 직접 앓았고, 그로 인해 짧은 생애를 마감한 예술가들이다. 그들은 자신의 작품이 공공에게 노출되어 더 많은 사람들이 직접 참여하고 경험하는 하나의 생생한 현실이 되기를 바랐다. 이들의 작품은 질병으로 인한 개인의 고통과 상실감을 다루고 있으면서, 동시에 사적인 것

이 가장 강렬한 공적 메시지가 된다는 공공성의 섭리를 구체적으로
재현하고 있다.

키스 해링

　　　　　뉴욕 지하철의 낙서화가로 알려진 키스 해링은 31세
의 젊은 나이에 에이즈로 생을 마감했다. 그는 회화와 드로잉, 벽화,
조각 작품과 더불어 셀 수 없이 많은 티셔츠와 포스터를 남겼다. 비록
젊은 나이에 요절했지만 이미 미술계의 인정과 상업적인 성공은 물론
대중의 사랑도 넘치도록 받고 있었던 축복받은 예술가였다. 그는 예
술가로서 경력을 쌓기 시작할 때부터 주류 미술계와 거리를 두었다.
화랑의 보호를 받으며 활동하는 대신 공공장소에서 얻을 수 있는 기
회를 찾아다녔다.

　사람의 마음을 움직이는 건 해석이 필요한 복잡한 글귀나 알 수 없
는 숨은 상징이 아니라, 이해하기 쉽고 한눈에 잘 들어오는 것이라고
해링은 생각했다. 뉴욕에서 지하철을 타고 다니면서 그는 주변의 산
뜻한 그래픽 이미지, 설득력 있는 광고판, 그리고 자유롭고 거칠 것
없는 낙서가 내뿜는 호소력에 매료되었다. 그리고 그렇게 열심히 거
리를 관찰하던 그는 마침내 거리에서 그림을 그리는 사람으로 바뀌
었다. 이런 종류의 예술로 해링은 빠른 기간 안에 만인의 사랑을 받는
젊은 영웅이 되었으며, 1980년대 미국의 문화적 아이콘이 되었다.

　해링은 예술가이기 이전에 휴머니스트였다. 그는 예술이 세상을 변
화시키는 힘을 지니고 있다고 항상 믿었으며, 예술은 사람들에게 긍
정적인 영향을 미칠 수 있다고 생각했다. 그는 스스로를 예술과 거리

를 이어주는 중개자라고 간주했다. 간결하고 내용이 명료한 작품을 통해 그는 마약과 에이즈 문제, 아동 건강 문제, 인종차별 문제를 환기시키는 사회적 메시지를 사람들에게 전했다. 그렇다고 해서 그가 미술을 프로파간다로 이용한 건 아니었다. 미술은 인간을 미혹시켜서는 안 되고, 인간이 진정 자유로울 수 있도록 박수를 보내주는 역할을 해야 한다고 생각했기 때문이다.

자신의 그림을 모르는 사람이 없을 만큼 유명해졌을 때 찾아온 것은 에이즈였다. 그는 맨해튼의 휴스턴 스트리트를 정신없이 달렸고 이스트 강변에 멈춰 서서 하염없이 울었다. 에이즈가 바꾸어놓은 삶의 양상은 그가 남긴 일기에 간혹 드러난다. 하루는 해링이 치통으로 병원에 갔는데, 치과의사는 일반적인 원칙대로 마스크와 일회용 고무장갑을 끼고 진료하고 있었다. 하지만 그 의사는 해링이 에이즈 환자라는 것을 아는 순간 지나치게 경계하며 특별히 치료받을 게 없다고 말했다. 해링은 에이즈로 인해 갑자기 사람들에게 버림받은 기분이 들기도 했고, 무엇보다 사랑하는 이에게 마음껏 육체적인 표현을 하지 못하는 상황이 절망스러웠다. 하지만 그는 타인을 이해하려 했고, 자신이 할 수 있는 방식대로 연인을 사랑하며 서른한 해의 삶을 누구보다 치열하게 살았다.

1980년대 초까지 에이즈라는 주제는 결코 밖으로 드러내지 못하는 영역으로 깊이 파묻혀 있었다. 대중은 성의 쾌락에 대해 두려워하기 시작했다. 상대를 자주 바꿔가며 쾌락을 좇는 성생활은 더 이상 안전하지도 않으며, 육체적 욕망도 아닌 오직 파괴적인 것이라는 생각이 만연했다. 동성애자였던 해링도 이미 많은 친구와 지인을 에이즈로 잃은 상태였고, 자신 역시 이 병의 희생자가 될 수 있음을 충분히 자각한 듯 이렇게 써놓았다.

"나는 성생활을 그만두지는 않았지만, 안전하거나 안전하다고 생각되는 섹스만을 했다. 나는 스스로를 지키는 것에 대해 더욱 의식하게 되었다. 그래도 내가 할 수 있는 종류의 일들이 여전히 존재했다. 그러나 1985년이 되자 에이즈는 뉴욕을 완전히 변화시켜버렸다."

해링의 작품은 경쾌해 보인다. 그러나 실제로 작품의 주제는 명랑하고 활기차며 낙천적인 것이 아니라, 폭력과 공포, 죽음, 성에 대한 중압감과 관련된 것이 다수를 차지한다. 특히 성과 관련된 주제는 거의 대부분 위협적이고 강박관념적인 차원에서 표현되고 있다. 1985년에 제작한 대형 작품 「무제(Untitled)」는 성적 욕망과 관련된 지옥도이다. 검정과 빨강의 제한된 색으로 그린 이야기는 격렬한 불꽃을 배경으로 전개된다. 모든 모티프들이 중세의 지옥 개념을 연상시킨다. 식인 괴물, 성기와 입 등 성적 만족을 추구하는 모든 것이 묘사되어 있고, 그림 아랫부분에는 많은 사람들이 목숨을 구하고자 몸부림치고 있다.

해링은 아직 자신이 에이즈의 희생자인지 알 수 없던 그 시기에 에이즈 주제에 대한 공포를 많이 다루었다. 1985년에 그린 대형 작품 「에이즈(AIDS)」는 인상적이고 통찰력 있는 작품이다. 중앙에는 죽은 자를 데려가는 괴물의 머리가 있다. 그 괴물은 부정적인 빨간색의 십자 표시가 몸에 그려져 있는데, 성적 욕망을 의미하는 다양한 형태의 희생자들에게 그 자신을 먹이로 제공하며, 동시에 그들을 손으로 더듬고, 껴안고, 핥으면서 선동하고 있다. 희생자들은 죽음 속에서 절정에 달한 희열로 자신을 이끈다. 눈이 십자 표시로 지워진 두 인물은 자신들

감염병과 인문학

의 성기에 의지해 무기력하게 거꾸로 매달려 있다. 위쪽에 그려진 날개 달린 죽은 이의 머리가 전체 이야기를 완성하고 있다. 성적 욕망이 결국 죽음으로 이어진다는 내용이다.

에이즈에 걸렸다는 것을 안 이후부터 해링의 작업은 「안전한 섹스(Safe Sex)」(1988)나 「무지＝공포, 침묵＝죽음(Ignorance=Fear, Silence=Death)」(1989)처럼 좀더 적극적이고 쉽게 만인에게 메시지를 전하려는 방식을 취하기 시작했다.

자신에게 남아 있는 시간을 계산하고 준비하면서 그는 너무나도 바쁘게 살았다. 늘 써오던 일기는 1989년 9월 중순경에 평소처럼 일상적인 내용의 글로 막을 내린다. 해링이 작업실에서 제작한 마지막 작품은 1989년 11월로 기록되어 있으며, 1990년 1월의 마지막 날, 해링의 병세는 눈으로 확인할 수 있을 정도로 악화되었다. 그는 매우 약해져 더 이상 그림을 그릴 수 없는 상태였다. 사망하기 얼마 전 그는 자신의 전기 작가에게 이런 말을 남겼다.

"결코 절망할 수 없습니다. 절망한다면 그것은 포기이고, 멈출 것이기 때문입니다. 치명적인 병과 함께 사는 것은 인생에 대해 완전히 새로운 시각을 갖게 된다는 걸 뜻합니다. 나는 주어진 삶에 더 감사하기 위해 죽음의 위협을 필요로 하는 사람은 아닙니다. 왜냐하면 나는 항상 삶에 감사해왔기 때문입니다. 여러분도 항상 삶을 충만하게, 그리고 할 수 있는 한 완전하게 살고 있다고 믿습니다. 그렇게 멋지게 여러분을 향해 오고 있는 미래를 맞이하게 되길 바랍니다."*

* 알렉산드라 콜로사, 『키스 해링』, 김율 옮김, 마로니에 북스, 2006, 91쪽.

수많은 사람들이 그의 그림이 찍힌 티셔츠를 입고 슬퍼했다. 기자들이 해링이 어떤 사람이었는지 물어보면 한결같은 대답이 나왔다.

"멋진 사람이었어요. 그 사람에 대해서는 모두가 좋은 말만 했으면 좋겠군요."

펠릭스 곤잘레스-토레스

펠릭스 곤잘레스-토레스는 에이즈로 38세의 짧은 생애를 마감했지만 오늘날까지도 지속적으로 논의의 대상이 되고 있는 작가이다. 사망 후 오늘날까지 총 60회에 가까운 개인전과 700회가 넘는 그룹전이 열렸고, 2011년에는 그의 작품 세계를 주제로 이스탄불 비엔날레가 열렸다. 38년의 짧은 생애 가운데 작가로 활동한 10년 남짓이 그가 세상과 관계한 시간의 전부였음에도 그는 현대미술에 영감을 주는 신화적 아이콘이 되었다. 그가 작품에서 다룬 주제와 비전이 인간의 삶과 죽음이라는 핵심적인 쟁점들을 구현하고 있기 때문일 것이다.

쿠바에서 태어난 그는 스페인의 고아원으로 보내져서 유년기를 보냈고, 그 후 1979년에 뉴욕으로 이주했다. 사춘기에 자신이 동성애자라는 사실을 깨달았고 1980년대에는 전 세계를 패닉 상태로 몰아넣었던 에이즈의 재앙을 직접 목격했다. 오늘날은 에이즈가 더 이상 저주받은 불치병이 아니며 에이즈 환자들에게도 희망이 생겼지만, 1990년대 중반까지만 해도 세계적으로 에이즈는 절망 그 자체였고 사망 선고나 다름없었다. 곤잘레스-토레스는 자신이 투병 중인 것을 절대 알리지 않았다. 그가 현실을 부정했다거나 병에 걸린 사실이 창피해서가 아니었다. 에이즈에 대한 편견들이, 그리고 자신의 시한부 인생이 작품 해석에 영향을 끼치고 작품의 의미를 제한적으로 규정짓는 것을 원하지 않았기 때문이다. 그러나 그는 제3세계 이민자이자 성 소수자였고, 사회적 편견 속에서 전염병의 희생자로 삶을 마감해야 했던 터라 평생 주류 사회를 겉돌 수밖에 없었을 것이다.

그는 정치, 경제, 문화의 중심지인 뉴욕에서 현대미술의 개념과 형식을 새롭게 선보였다. 일생 동안 전구, 사탕, 인쇄물 더미, 시계, 빌보드 등 단출한 작품 유형을 제시했고, 그 형태마저도 극도로 절제된 단순미에 머물렀다. 작품들은 미니멀리즘의 외양을 유지하면서도 관객의 참여에 의해 끊임없이 변형되고 재생되는 특성을 보여준다. 이는 현대미술이 다루어야 할 공공성에 대한 진지한 제안이면서 동시에 죽음이 임박한 자신의 삶을 투영한 것으로 평가된다. 그는 관객의 참여에 의해 완성되는 작품을 제시한다. 작품에 대한 새로운 해석이 덧붙여져서 작가와 관객 사이의 이분법이 무의미해지고 작업의 의미가 지속적으로 확장되기를 희망한 것이다.

그에게 작품은 삶의 투영이고 사생활의 기록이라고 할 수 있다. 그래서 작품의 주제도 사랑, 그리움, 애도, 두려움, 죽음과 같은 실존적인 감정이 중심을 이룬다. 그의 작품은 보는 사람이 누구나 가져갈 수 있도록 권하고, 없어진 양만큼 계속해서 채워지도록 되어 있다. 사랑하는 사람의 몸무게만큼으로 이루어진 사탕 무더기가 서서히 소진되는 과정은 죽음 앞에서 변모하는 육체를 은유한다. 에이즈로 죽어가는 연인의 마지막 순간을 지켜볼 수밖에 없었던 고통의 나날은 쌓아놓은 종이 더미가 서서히 줄어들어가는 「무제」(1990)의 모습에서 고스란히 전달된다.

곤잘레스-토레스가 소모되어 사라지고 또 채워지는 작품을 제작하는 동안 그는 자신의 죽음과도 맞서고 있었다. 1990년대 초부터 그는 HIV 양성 상태였던 것으로 짐작되는데, 이러한 사실은 그의 예술에 또 다른 차원의 강렬함을 덧붙인다. 작가는 죽음에 저항하지 않고 죽음을 기정사실화하고 그것을 끌어안는 작품을 제작했다. 원래부터 그의 작품은 소모되도록 만들어진 것이다. 즉, 상실의 고통을 상실한 다음에 느끼는 것이 아니라, 먼저 상실에서 시작하여 끊임없이 조금씩 채워진다는 식으로 논리를 바꾸어버린다. 그는 거대한 사탕 더미 작품에 대해 다음과 같이 말한 바 있다.

이 작품은 모든 것을 잃을지도 모른다는 나의 두려움에서 시작되었다. 이 작품은 나 자신의 두려움을 조절하는 일에 대한 것이다. 나의 작품은 파괴될 수 없다. 나는 처음부터 이미 그것을 파괴했다. 이 느낌은 당신이 누군가와 관계를 맺으면서 그 사람과 잘되지 않을 것이라는 것을 알 때의 기분과 거의 같다고 할 수 있다. 그 사실을 알게 되었을 때부터 당신은 그 사람과 잘되지 않을 것에 대해 걱정할 필요가 없다. 왜냐하면 당신은 이미 잘되지 않을 것을 알고 있기 때문이다. 상대는 당신을 버릴 수가 없다. 이미 처음부터 당신을 버렸기 때문이다. 이것이 바로 내가 이 작품을 제작한 이유이다. 이 작품은 사라질 수 없다. 이 작품은 이미 내 삶에서 사라지고 남아 있는 것들이기에 파괴될 수 없다. 대신에 나는 그것을 나 스스로 파괴했다. 이는 나에게 주어진 권한인데, 매우 마조히즘적이다. 나는 작품을 만들기 전에 파괴한다.*

연인과 친구들을 차례로 잃고, 자신 또한 시한부 삶을 살았던 그에
게 죽음은 피할 수 없는 숙명으로 다가왔다. 연약하고 덧없는 삶은 사
탕 더미나 종이 더미처럼 언제 흩어질지 모르는 것이었다. 그는 관객
으로 하여금 작품을 변형하고 작품의 의미를 원하는 대로 재구성하며,
작품의 일부를 전시장 밖으로 가져가도록 허용함으로써 역설적으로
작품을 영원히 생존할 수 있는 것으로 만들었다. 그에게 죽음은 어떤
의미였을까? 사탕 더미, 종이 더미같이 한시적인 작품들은 죽음의 덧
없음을 의미하는 것 같지만 그와 동시에 영속과 불멸을 언급한다. 여
기서 핵심적인 단어는 일시적이라는 것이다. 개인의 선택에 따라 작
품이 사라지지 않도록 막을 수도 있고, 마지막 한 알까지 소멸되도록
놔둘 수도 있다. 그에게 영원한 것은 변하는 것뿐이었다. 멈춘다는 것
은 곧 죽는 것이었다.

「완전한 연인(Perfect Lovers)」(1987~1990)과 같은 작품에서 시각적
으로 가장 두드러진 특성 중 하나는 같은 물체를 쌍으로 제시하는 것
이다. 이 닮음 또는 동일성은 동성애적 욕망을 은밀히 암시하는 것일
수도 있다. 두 개의 둥근 벽시계가 아주 정확하게 초침까지 똑같이 움
직이고 있는데, 사랑하는 사람끼리 매 순간 1분 1초라도 함께 나누고
싶은 마음을 이렇게 똑같은 운명을 지닌 시계로 표현했다. 그러나 같
은 시계를 두 개 사서 똑같은 건전지를 넣고 동시에 작동시킨다고 해도,

* Nancy Spector, *Felix Gonzalez-Torres*, New York: Guggenheim Museum, 1995, p. 122.

오랜 시간이 지나고 나면 초침이 조금씩 어긋나게 된다. 그 차이는 점점 벌어지기 시작하고, 그러다가 어느 날엔 시계 중 하나는 건전지가 먼저 떨어져 멈추고 만다. 그토록 똑같았던 두 시계는 제각각 다른 운명을 갖게 되는 것이다. 완전한 연인도 마찬가지이다.

1991년 이후 곤잘레스-토레스의 작업은 사적인 경험이 공적인 장소에 침투하는 양상으로 제시된다. 사적인 경험과 공적인 발언을 동일 선상에서 이루어지도록 한 것이다. 「무제」(1991)에서 텅 빈 침대를 찍어놓은 사진은 거리의 관람자들에게 이중적인 메시지를 던진다. 사랑하는 이와의 포근한 추억이 얼마나 좋은지, 그리고 사랑하는 이가 떠났을 때 그 자리는 얼마나 공허하고 아프고 그리운지 말이다.

펠릭스 곤잘레스-토레스의 작업은 예술에서의 공공성이란 무엇인가에 대해 진지한 질문을 던진다. 그는 단지 작품이 공공장소에 놓인다는 이유만으로 공공미술로 이해되는 것과는 다른 차원의 작품을 보여주었다. 자신의 사적 경험의 통로를 통해 자연스럽게 관람자가 공감하고 참여하면서 공적인 경지에 도달할 수 있도록 유도한 것이다.

감염병과 인문학

감염,
공포,
타자

대중문화로 본 공포의 정치학

소영현

연세대 국학연구원 HK 연구교수

병의 도덕성

　　근대 이전에는 동서양을 막론하고 개인 혹은 집단에게 가해진 도덕적 단죄가 대개 발병의 형식으로 이루어지곤 했다. 일반적으로 죄인의 발병 혹은 그가 속한 공동체를 뒤덮는 유행병의 창궐이 도덕적 단죄의 현시로 받아들여졌다. 문학 작품에서 이러한 사례를 찾기는 어렵지 않다. 『오이디푸스 왕』이 보여준바, 오이디푸스 왕의 퇴출로 이어진 공동체의 역병을 대표적인 사례로 거론할 수 있다. 유럽을 휩쓴 페스트 역시 신성모독과 퇴폐로 물들었던 유럽의 타락에 대한 징벌로 이해되었다(『페스트』). 그렇다면 오늘날의 상황은 어떠한가. 질병과 도덕적 단죄 사이의 유비적 활용이 까마득한 옛날의 일이자 이미 바로잡힌 편견에 불과하다고 단언할 수 있을까.

　우리는 더 이상 근대 과학이 세상을 움직이는 보이지 않는 원리를 전부 설명해줄 수 있다고 믿지 않는다. 가시적인 세계 바깥에 과학의 시선으로는 포착되지 않는 영역이 있음을 부인하지도 않는다. 의학에 대해서도 다르지 않다. 의학이 인류가 앓고 있는 질병 전부를 치료할 수 있다고 확신하지 않는다. 의학의 치료 영역이 몸에서 마음으로 부단히 넓어지고 있다고는 해도 의학의 전능성에 대해 우리는 판단을 유보한다. 예기치 못했던 생존 방식이 존재하듯이 하나의 결과로 귀결할지라도 죽음에 다양한 방식이 가능할 수 있음을 부인하지 않는다.

그럼에도 인류를 대신할 새로운 종을 갈망하면서, "인류 대신 무성생식을 하고 영원히 죽지 않는 새로운 종, 개인성과 분리와 생성 변화를 극복한 새로운 종을 만들어내야 한다"*는 명제를 담고 있는 인류의 종말론에 대한 최근 소설들도 의외로 암 혹은 죽음이나 자살에 대한 오래된 은유로부터 자유롭지 않아 보인다. 과도한 열정에 사로잡혀 충족되지 않는 욕망에 평생 휘둘려야 했던 『소립자』의 등장인물 '브뤼노'가 정신병에서 평생을 헤어나지 못했던 것, 무한한 사랑의 마음을 가졌으나 상대에게 받아들여지지 못한 채 억눌렸던 '아나벨'의 정념이 결국 그녀에게 암으로 되돌려진 사례 등은 질병에 대한 사회적 편견이 결코 특정 시대의 것만은 아님을 다시 환기한다.

의외로 질병을 둘러싼 오해들은 질긴 생명력을 유지한 채 오늘날까지 반복되고 있다. 완치가 쉽지 않은 시대병, 다양한 병인을 가지고 있으며 원인이 명확하게 밝혀지지 않은 질병에 대해 여전히 과도하거나 과소한 인간의 정념과의 상관성이 상식처럼 활용되고 있는 것이다.

---

* 미셸 우엘벡, 『소립자』, 열린책들, 2009(세계문학판, 2003 초판), 332쪽.

비밀과 거짓말

　이렇게 보면, 흔히 에이즈(AIDS)라 부르는 후천면역결핍증 환자에 대한 공동체의 공포를 그저 덜 계몽된 사람들의 무지가 낳은 반응일 뿐이라고 치부하기는 어려울 것이다. 영화 「필라델피아」(1993)에서 HIV(인간면역결핍 바이러스) 보균자의 사회생활과 그들을 향한 공동체의 반응이 본격적으로 다루어지기 시작한 이후, 에이즈는 질병으로서보다는 성 소수자를 포함한 소수자에 대한 사회 편견을 논의하는 자리에서 많이 거론된 편이다. 에이즈 환자를 다룬 한국 영화도 없지 않은데, 성 노동자인 여성을 주인공으로 한 「너는 내 운명」(2005)은 눈물을 자아내는 멜로 형식을 취한다는 점에서 약자에 대한 동정의 시선을 요청하고는 있으나, 에이즈 환자를 감정을 가진 인간으로 다루었다는 면에서 의미를 갖는다.

　한편, 옆집 안살림 사정까지 속속들이 알고 있을 정도로 작은 섬마을을 배경으로 한 TV 드라마 「고맙습니다」(2007)는 원인을 알지 못하는 질병에 대한 인간의 공포와 그로부터 야기된 폭력성을 적나라하게 포착한다는 점에서 주목할 만하다.* 낯선 질병인 에이즈는 불문곡

---

* 물론 드라마 「고맙습니다」가 에이즈에 걸린 아이를 통해 에이즈에 대한 계몽에만 주력한 것은 아니다. 이 드라마가 다루는 또 다른 중요한 테마에는 가족과 타자 그리고 공동체와 죽음의 문제가 있다. 「고맙습니다」에는 배제된 자들에 대한 관심이 폭넓게 깔려 있으며, 타자들 사이의 우연한 인연이 만든 '혈연 아닌' 가족의 새로운 가능성이 담겨 있다. 환자 가족의 일원인, 치매에 걸린 할아버지가 사람들에게 건네는 '초코파이'는 공동체가 요청하는 감정인 인정, 동정의 상징적 구현물이라 할 수 있는데, 이를 통해 「고맙습니다」는 대안적 가족 형태를 제안하는 것에 그치지 않고 타자들로 구성된 공동체에 대한 열망을 뚜렷하게 표명한다.

직의 감염 공포를 불러일으킨다. 모든 질병의 치유가 그저 시간문제일 뿐이며, 따라서 어떤 질병이든 언젠가는 발병 원인이 밝혀지고 치유법이 마련될 것으로 확신할 때에, 원인과 치유법을 쉽게 알 수 없는 질병에는 더 큰 공포가 달라붙는지도 모른다.

「고맙습니다」에서 HIV 보균자인 '봄'(7세, 여아)의 병은 공동체 내부에서 한동안 철저하게 비밀에 부쳐졌다. 아이의 병에 관한 진실을 은폐한 것은 섬마을 의사와 간호사, 그리고 아이 엄마였다. 그들이 아이의 병을 숨긴 것은 피치 못할 선택에 가까웠다. 에이즈 환자에 대한 일반인의 편견 수위가 환자를 보호하기 위해 그런 방식 이외의 것을 상상하기 어렵게 만드는 수준이었다. 무엇보다 비밀이 밝혀진다는 것은 곧 할아버지 대로부터 살아온 삶의 터전에서 환자와 그 가족이 추방되어야 한다는 것을 의미했다.

우연한 계기로 '봄이 에이즈에 걸렸다'는 비밀이 폭로되자, 예정된 수순처럼 섬마을은 발칵 뒤집혔다(8화). 공동체의 평온은 그 아이가 HIV 보균자라는 사실이 폭로되는 순간 무참히 깨졌다. 가장 먼저 봄이네 가족이 공동체로부터 고립되는 상황을 맞이했다. 섬마을 사람들 가운데 누구도 그들과 대화를 포함한 어떤 교류도 나누려 하지 않았다. 환자와 가족은 철저하게 고립되었다.

아이의 엄마가 '환자-아이'를 보호하기 위해 아이의 질병을 비밀에 부칠 수밖에 없었다면, 병의 은폐와 관련하여 보다 비극적인 것은 아이의 엄마가 환자 자신인 아이에게도 병에 관한 거짓말을 반복할 수밖에 없었다는 점이다. 드라마에서 자신의 병에 관해 알게 된 아이는 편지를 남기고 가출을 감행한다. 에이즈에 대해 정확히 알지 못한 아이 역시 감염 공포에 시달렸다. 드라마를 통해 그 공포는 타인에 대한 감염을 우려한 자발적 고립을 선택하는 쪽으로 그려졌다. 무지한 이들(섬마을 사람들), 선량한 이들(환자-아이와 가족) 양자 모두가 에이즈가 불러일으킨 감염에의 공포에서 한 치도 벗어날 수 없었다.

분명한 것은 감염 공포의 폭력성이 감염 여부와는 사실 상관이 없었다는 점이다. 「고맙습니다」에서 섬마을 주민들이 에이즈 환자와 그 가족에게 폭력적인 제스처를 취한 것은 에이즈에 대한 잘못된 의학 상식 때문이 아니다. 드라마는 공동체에 대혼란이 야기된 원인이 따져보면, 아이가 에이즈에 걸렸다는 사실 자체보다 그 사실을 숨겼다는 사실로부터 왔음을 보여준다. 환자의 병을 공개하지 않은 행위가 이웃에 대한 배려가 없는 이기심으로 매도되었다. 그런데 이 과정에서 병을 둘러싼 은폐와 배제 논리에 의해 가해자와 피해자가 뒤바뀌는 상황이 벌어졌다. '누구를 죽이려고 딸이 에이즈인 것을 숨겼느냐'는 절규 속에서 환자를 보호하기 위한 행위 자체가 섬마을 공동체를 위험으로 내모는 악랄한 범죄 행위로 재규정되었다. 「고맙습니다」는 타자를 위험한 존재로 규정하는 순간, 즉 타자가 존재론적 공포의 원인으로 치부되는 순간, 타인에 대한 폭력이 자동적으로 정당화되는 타자와 공포의 발생학을 적나라하게 포착한다.

공포의 정치학과 마법의 말

에이즈 환자와 가족을 추방하기 위해 마을 공동체가 휘두른 폭력성의 근본 원인은 알 수 없는 감염에 대한 공포, 즉 죽음에의 공포였다. 환자 가족이 환자의 질병을 숨긴 일을 공동체 구성원들은 죽음에의 위협으로 받아들였다. 보건소 앞에 몰려든 주민들의 주된 항의가 환자의 '질병 은폐'를 비난하는 데로 향해 있었다면, 다른 한편으로 비밀을 은폐한 책임의 명목으로 그들이 보건소에 강력하게 요구한 것은 자신들의 감염 여부에 대한 확인이었다.

그런데 이 극적 갈등 국면이 바로 갈등 해소의 전환 국면이기도 했다는 점은 흥미롭다. 공포와 분노에 찬 섬마을 주민들 앞에서 아이의 병을 숨겨야 했던 의사와 간호사는 울면서 호소한다. 에이즈는 공기로 감염되는 병이 아니며, 손을 잡거나 목욕을 하거나 같이 밥을 먹어도 전염되지 않는다고. 비밀이 폭로된 곤혹스러운 상황이야말로 에이즈를 둘러싼 지식이 계몽될 수 있는 가장 적절한 순간이었음을 인정하지 않을 수 없는데, 이러한 사정은 역설적으로 에이즈가 이러한 절박한 상황에서나 겨우 제대로 소개될 수 있을 정도로 심각하게 오해된 병이었음을 말해준다.

에이즈를 둘러싼 비밀과 거짓말에 관한 에피소드는 분명 섬마을 사람들의 에이즈에 대한 무지와 연관되어 있지만, 그러한 상황이 한국의 외진 섬마을에서 벌어진 특별한 일만은 아니었다. 에이즈가 이제 막 알려지기 시작한 1980년대의 서구 사회에서도 에이즈에 대한 편견은 극심했다. 가령 1984년 미국에서 혈우병 환자로 태어났던 14세의 한 소년이 드라마 속의 아이처럼 HIV에 감염된 피를 수혈 받아 에이즈에 걸렸음을 알게 되었을 때, 그 아이 역시 학교 접근 금지 명령을 철회하는 판사의 판결이 내려진 후에야 학교로 돌아갈 수 있었다.* 학

* 로버트 멀케히, 『세균과의 전쟁 질병』, 강윤재 옮김, 지호, 2002, 147쪽.

교 당국과 이웃의 감염에 대한 공포는 그만큼 엄청났다. 에이즈에 걸린 아이를 두고 악마가 몸에 들어가서 병에 걸리게 되었다거나 악마의 피가 흐르고 있다는 식의 편견을 앞세워 아이에게 폭력이 행사되는 일도 없지 않았다. 서구에서도 중세 마녀사냥이 한창이던 때에나 있을 법한 편견이 아주 오랫동안 에이즈에 들러붙어 있었다.

감염에 대한 공포가 어떻게 '특별한' 존재를 배제하는 강력한 논리가 될 수 있는가에 대해서는 새삼 반복할 필요가 없을 것이다. 「고맙습니다」의 미덕은 에이즈에 대한 무분별한 공포심을 없애는 차원에 그치지 않고, 에이즈에 걸린다는 것의 의미를 존재론적 차원으로 끌어올려 다룬다는 데 있다. 「고맙습니다」에서 에이즈를 둘러싼 편견들은 의사 '민기서'라는 인물을 통해, 말하자면 권위 있는 목소리를 통해 해소된다. 의사의 권위를 빌려 에이즈에 관한 의학적 상식을 소개하고 있다는 점에서 드라마 「고맙습니다」는 대중문화로서 TV 드라마가 갖는 계몽적 성격을 취한다. 하지만 인간이라면 누구라도 질병에 걸리는 일을 피할 수 없다는 것을, 질병에 걸리는 일은 더러운 일도 죄를 짓는 일도 아니라는 것을 강조하는 그 의사의 목소리를 통해 「고맙습니다」는 질병에 들러붙어 있던 윤리적 단죄의 이미지가 그것으로부터 분리되기 시작한 장면을 포착한다. 이를 통해 「고맙습니다」는 계몽적 목소리의 일방성이라는 한계를 가볍게 뛰어넘고 있다고 말해도 좋다.

에이즈는 말입니다. 무식한 아줌마, 예를 들어 그쪽이 감염이라 해도 키스 같은 걸론 전염 안 되거든요. 입안에 상처가 없으면 딥키스를 하더라도 상관이 없는 거예요. 명색이 에이즈 걸린 애 엄마라는 사람이 그런 기초적인 공부도 안했냐.

(……)

죄졌어요? 그냥 다른 거예요. 에이즈에 걸린 긴 필 그렇게 대단히 잘못한 일도 아니고 대단히 미안할 일도 아니고, 그냥 남들하고 다른 것뿐이에요. 코가 큰 사람이 있고 눈이 작은 사람이 있고 오른쪽 다리가 짧은 사람이 있고 검지가 중지보다 긴 사람이 있는 것처럼 그냥 다른 것뿐이라고요, 남들하고. 그러니까 죄지은 사람처럼 그렇게 대국민 사과문이라도 발표해야 할 사람처럼 그렇게 살지 말라고요(「고맙습니다」 12화).

무엇보다 의사의 입을 통해 발화된 말들은 조금 지나지 않아 고스란히 미혼모인 아이 엄마의 것이 된다. 그 과정에서 '민기서'의 말은 사회적 약자들과 배제된 자들의 한없이 위축된 존재감을 회복시켜줄 마법의 말이 된다. 마침내 왜 마을을 떠나지 않느냐고 항의하는 마을 사람들을 향해 아이의 엄마는 자신들이 '죄인이 아님'을 외치게 된다. 그녀는 자신들이 그냥 다를 뿐임을, 그저 다른 '사람'일 뿐임을 선언한다. "우리 봄이가 에이즈에 걸린 건 뭘 대단히 잘못한 일도 아니고 대단히 죽을죄를 지은 일도 아니에요. 그냥 다른 거예요"(12화). 「고맙습니다」는 한번은 권위를 가진 의사의 입을 빌려, 다른 한번은 치매에 걸린 할아버지와 에이즈에 걸린 딸과 함께 살고 있는 섬마을의 불쌍한 미혼모 '이영신'의 입을 빌려, 섬마을로 상징되는 우리 사회의 지독한 편견 그리고 질병과 도덕적 단죄 사이의 단단한 결합에 균열을 내고 있는 것이다.

감염병과 인문학

문명의 허약성과 인류의 자살극

　　"콜레라나 발진티푸스에 걸린 사람들은 그 누구라
도 '왜 하필 나야?'라고 묻지 않는다. 그러나 자신이 암에 걸린 사실
을 알게 되는 사람들은 대부분 '왜 하필 나야?'"(이 말은 '이건 공평하지
않아'라는 뜻이다)라고 묻는다.* 암에 걸린다는 것에 윤리적 단죄의 이
미지가 들러붙어 있기 때문이다. 물론 유행성 감염병의 발병은 환자
의 기질이나 개별적 특성과는 연관이 없다. 그렇다고 유행성 감염병
에 윤리적 단죄의 이미지가 없는 것도 아니다. 앞서 언급했듯이 유행
성 감염병에 걸린다는 것에는 보다 대규모의 윤리적 단죄의 이미지가
덧붙어 있다고 해야 한다. 원인을 쉽게 파악할 수 없으며 감염 속도가
제어할 수 없을 만큼 빠르고 무엇보다 생명에 치명적인 감염병일수록
공동체, 사회 혹은 국가와 인류 전체에 내려진 천벌로 오해될 가능성
은 높아진다. 여기서 인위적으로 만들어진 분류 체계나 사회적 위계
구조는 별다른 힘을 발휘하지 못한다. 유행성 감염병은 인간이 만들
어놓은 경계를 알지 못한다.

　소더버그 감독의 「감염(contagion)」(2011)은 유행성 감염병이 인류
에 야기하는 핵폭탄적 위력을 가감 없이 포착한다는 점에서 주목할
만하다. 2002년 중국 광둥 지역을 중심으로 발병하기 시작해서 전 세
계로 확산되었던 신종 전염병 '사스(Severe Acute Respiratory Syndrome,
중증급성호흡기증후군)'를 연상시키는 편혜영의 소설 『재와 빨강』(창비,
2010)과 마찬가지로 영화 「감염」은 인간의 호흡기를 통해 발병하는 '사

---

* 수전 손택, 『은유로서의 질병』, 이재원 옮김, 이후, 2002, 61쪽.

스'의 공포를 환기한다. 발열, 오한, 피로감, 기침, 호흡곤란, 그리고 심한 두통 등을 증상으로 하는 신종 전염병은 「감염」이 보여주듯 독감과 별다르지 않은 증상임에도 전 세계를 감염의 공포에 몰아넣는다. 증상 외에 발병의 원인이나 치료법에 대해 전혀 알지 못하는 전염병이라는 점보다 발병 이후 환자의 상태가 급속도로 악화되며 치사율이 높다는 점이 공포를 불러일으키는 주요 원인으로 작용했다.

『재와 빨강』과 「감염」은 공히 원인 모를 감염병 자체나 발병률보다는 감염병에 대한 사람들의 공포가 어떻게 공동체를 순식간에 공동화(空洞化)하는가를 불편할 정도로 적나라하게 보여준다. 『재와 빨강』은 감염병의 위험에 대한 과장이 불러온 불안의 제어되지 않는 폭발력에 주목한다. 예년의 독감보다 사실상 치사율이 높지 않았던 병이 과도하게 위험한 것으로 과장된 과정과 거기에 개입된 보이지 않는 힘의 작용을 짚어본다. 「감염」은 감염병의 공포가 야기한 공동체의 파괴 양상을 보다 다면적으로 다룬다. 「감염」은 우선 감염병의 심각한 위력을 있는 그대로 보여주고자 했다. 영화 속에서 감염병의 위력은 주인공들의 죽음까지 막지 못할 정도로 치명적이다. 영화는 1918년에서 1919년 사이에 전 세계에 유행했던 독감의 피해를 환기하면서 전쟁(제1차 세계대전)에서보다 더 많은 인명 피해가 원인 모를 감염병으로 발생할 수 있음을 인류에게 경고한다.

무엇보다 『재와 빨강』과 「감염」은 감염의 공포로 궁지에 몰린 인간들이 순식간에 문명의 시간을 야만의 시대로 되돌리고 약탈을 일삼는 자연 상태를 불러오게 되는, 질병을 둘러싼 공포의 정치학을 포착한다. 사람들은 점차 어떤 '접촉'도 허용하지 않게 되며, '접촉'을 생명에의 위협으로 받아들이게 된다. 환자들은 '집단적으로' 공동체에서 배제된다. 감염력이 높은 지역이 고립되고 경계를 넘는 이동이 통제된다. 이동이 봉쇄된 지역은 감염에 대한 막연한 불안이 아니라 좀더 치명적인 생명에의 위협에 실제로 노출된다. 발병 환자는 높은 감염력을 이유로 고립되고 치유는커녕 환자이기 때문에 환자인 채로 방치된다. 발병의 시작점 조사를 위해 파견된 전문가가 약을 구하고자 하는 이들에 의해 납치되고 감금되며, 신약 개발을 위한 연구자들의 목숨을 건 헌신이 최대 이윤을 추구하고자 하는 기업 논리에 포획되어 버린다. 개나리꽃을 치료약으로 선전하는 「감염」의 저널리스트가 단적으로 보여주듯이, 국가와 기업, 연구자와 환자 혹은 예비 환자들 사이의 빈틈을 노리는 괴담이 전염병만큼이나 빠른 속도로 사회를 붕괴시키며 창궐하게 된다.

『재와 빨강』도 그러하지만, 「감염」은 특히 문명의 세련됨을 휘감고 있는 것처럼 보인다 해도 독감과 유사한 전염병만으로도 인류 전체가 인간의 탈을 손쉽게 벗어던질 수 있으며 인간 이하로 떨어질 수 있음을 노골적으로 가시화한다. 전염병이 발병하고 채 한 달이 되기 전에 세계가 지옥으로 변해버린 사정을 다큐멘터리식으로 보여주면서 「감염」은 인류가 그간 쌓아올린 문명이 얼마나 허약한 것인지를 폭로한다. 이와 연관하여 흥미로운 점은, 「감염」의 말미에 덧붙어 있는 전염병의 발병 원인에 대한 분석이다. 세계가 다시 정상성을 회복한 후의 평온함을 그리면서 「감염」은 인류 다수를 괴멸시킬 수도 있었던 무시무시한 감염병의 원인을 소설의 말미에 붙는 후기처럼 덧붙인다.

발병 원인과 감염 경로에 그리 오랫동안 파헤쳐져야 할 비밀이 담겨 있지는 않음을 강조한다는 듯이, 발병 원인은 경쾌한 배경 음악과 함께 시종 밝은 분위기에서 매우 짧게 압축적으로만 제시된다. 짧게 다루어졌지만 분석의 무게는 어떤 의미에선 무시무시하다. 「감염」이 제공하는 정보에 의하면, 전염병의 발병은 생존의 터전을 잃은 박쥐의 인류에 대한 복수극이라 할 만하다. 영화가 분석하듯 우연처럼 일어난 작은 변이의 연속이 인류 전체를 괴멸시키는 결과를 야기할 수 있는지는 미시적 차원에서까지 동의하기 쉽지 않다. 그러나 예기치 않은 치명적 전염병의 발병이 인류의 이기주의, 즉 인류의 자연 파괴가 불러온 재앙이라는 해석의 타당성 자체를 부인하기는 쉽지 않다. 「감염」은 다국적 기업의 세계 약탈과 자연 파괴를 비난하는 한편, 기업의 이윤 추구와 인류의 생존을 위한 자연 파괴가 결국 의식하지 못한 채 벌이는 인류의 자살극임을 환기한다. 감염이 아니라 인간 자체가 더 심각한 문제임을 고발한다.

죽음과 공동체

그런데 영화가 보여주는 것처럼 감염 경로가 밝혀지고 발병 원인이 추적되고 나면, 무법지대였던 사회와 국가가 이전의 시스템을 온전히 회복하게 되는 것일까. 극단적으로 파편화되었던 공동체의 가치는 다시 회복될 수 있는가. 환자와 그 가족은 공동체의 일원으로 온전히 받아들여질 수 있는 것인가.

「고맙습니다」의 균형감 있는 포착에 의하면, 공동체는 사회적 약자를 무한히 긍정하는 비현실의 시공간이 아니다. 가령 「고맙습니다」에서 친구들이 아이를 받아들였음에도, 에이즈 환자인 아이 자신은 선

뜻 학교에 갈 용기를 내지 못한다. 심지어 용기를 내어 학교에 간 아이는 교실에 들어가지 못한 채 더 큰 상처를 입고 집으로 돌아오게 된다. 자신이 없는 교실을 채우고 있는 행복한 분위기에서 아이는 자신이 그들로부터 거부된 것이 아니라 이미 망각되었음을 깨닫는다. 투쟁 의지를 상실한 아이 가족이 공동체를 떠나기로 결정한 것은 바로 이때이다. 드라마 속에서 자발적 추방에 이르고자 한 이 가족의 운명은 이웃들의 간곡한 만류로 평온한 내일을 맞이한다. 하지만 배제된 자들이 공동체에서 지분을 확보하는 방식이란 결국 이런 것에 가깝다. 그들을 거부하는 공동체 전체와 적대 전선을 이룬다고 해도 공동체는 곧 그들을 잊고 만다. 배제된 자들은 지금껏 망각의 존재론을 자신들의 유일한 생존 원리로 받아들이는 한에서만 공동체의 일원이 될 수 있었다.

하지만 섣불리 공동체에 대한 희망이 더 이상 존재하지 않는다고 말할 필요는 없다. 배제된 자들과의 공존이 불가능하기만 한 것은 아니다. 의식적으로 강조하지는 않지만 「고맙습니다」나 「감염」은 감염에 대한 공포의 여러 측면을 다루면서 그 밑바탕에 죽음과 공동체 문제에 대한 관심을 담고 있다는 점에서 공통적이다. 인류의 죽음에의 공포는 세계를 순식간에 무법지대로 만들 수 있지만, 그 공포는 또한 세계의 연대를 가능하게 할 전제이기도 하다는 점을 떠올려볼 필요가 있다.* 감염 이후 곧바로 이어질 죽음에 대한 공포가 인간에 대한 호의의 표현인 악수를 죽음의 손길로 거부하게 만들기도 한다. 하지만

* Sara Ahmed, *The Cultural Politics of Emotion*, Routledge, 2004, pp. 62~81.

결국 인류가 유일하게 하나가 될 수 있는 것은 죽음을 피할 수 없다는 인간 존재의 공통 조건 때문이기도 하다. 「고맙습니다」에서 에이즈의 감염 경로에 대한 편견이 해소된 이후에도 '봄'에게 쉽게 다가가지 않던 '박씨'는 자신이 죽을병에 걸렸음을 알게 되자 '봄'에게 마음을 연다(11화).* 이때 '박씨'의 열린 마음이란 에이즈에 걸린 아이에 대한 동정심이기에 앞서 자신과 마찬가지로 곧 죽게 될 아이에 대한 동병상련의 공감이었다.

이런 점에서 본다면 병에 들러붙은 편견들은 사실 죽음의 공포의 변형적 양태라고 할 수 있다. 병과 죽음의 거리를 벌리고자 하는 인간의 시도가 병에 다양한 편견들을 덧붙이게 만드는지 모른다. 병을 둘러싼 편견과 감염이 야기한 공포는 인간이 죽음을 일상의 일부로 받아들이는 것이 얼마나 어려운가를 보여주는 방증이기도 하다. 감염의 공포가 들춰낸 공동체의 허약한 면모는 우리에게 죽음과의 화해의 필요성을 요청하며, 무엇보다 죽음에 대한 다른 정의를 불러오게 한다(「감염」). 「고맙습니다」의 마지막 에피소드는 의미심장하게도 '죽음에 관한 다른 정의'에 관한 것이다. 「고맙습니다」에서 죽음은 그저 '이 방에서 저 방으로 옮겨가는' 것으로 다루어진다. 이러한 접근법에 의해 우리는 눈에 보이지 않을 뿐 앞서 죽음을 맞이한 이들과 언제나 함께 이곳에서 살게 된다. 「고맙습니다」는 이러한 방식으로 우리에게 죽음과의 화해를 청한다. 「고맙습니다」는 감염병에 대한 사유가 깊어

* 물론 후에 그는 자신의 죽을병이 치유 가능한 병이었음을 알게 된다. 그 사건을 계기로 자신의 병에 명쾌한 진단을 내려준 의사를 신뢰하게 되고, 의사가 돌봐주는 아이의 편에 서게 된다.

질 때 그 고민이 공동체의 존속과 인류의 피할 수 없는 죽음에 대한 고민에 가닿을 수밖에 없으며, 생과 죽음의 화해에 대한 권유로 귀결될 수밖에 없음을 아름다운 동화처럼 전한다.

에이즈 표현하기, 에이즈 표현을 위한 주춧돌 놓기

남웅
동성애자인권연대 HIV/AIDS 인권팀장

2012년 국내에서 대규모 회고전을 가졌던 미국의 작가 펠릭스 곤잘레스-토레스(Felix Gonzalez-Torres, 1957~1995)는 생전의 인터뷰에서 자신의 HIV를 빗대어 "바이러스처럼 사회에 침투할 수 있기를 원한다"는 이야기를 한 바 있다. 그의 언급을 염두에 둘 때, 전시장 바닥에 뿌려진 사탕들은 자연스레 바이러스를 연상케 한다. 그와 그의 애인의 몸무게만큼, 혹은 둘을 합친 무게를 훌쩍 뛰어넘는 양으로 전시장 바닥을 뒤덮은 사탕들은 반짝이는 포장지의 물결로 지나가는 관객들을 끌어모으고 각자의 손에 한 움큼의 사탕을 쥐여주며 그들의 배 속에 녹아들었다. 작업의 제목처럼 입안에 들어간 사탕은 에이즈에 대한 편견과 배제에 대한 '복수(revenge)'를 의미한다. 하지만 사탕이 가져온 전염의 효과는 두렵기는커녕 달콤하고 친근하다. 말하자면 사탕은 작가의 프로필에 항시 기입될 수밖에 없는 '에이즈 환자'라는 낙인과 아픔에 공감하고 정서적 치유까지도 이끌어낼 수 있는 (작품의 또 다른 제목인) '플라시보'인 것이다. 바이러스의 위험을 취약함의 공유로 '전염시킨' 그의 작품에는 사람들이 모여들었고 그의 이야기에 귀기울였다. 그의 시도는 두고두고 회자되어 국내외의 많은 미술인들에게 영감을 주고 있으며, 막연한 질병에 무관심했던 관객들에게도 HIV 감염인, 에이즈 환자라는 이웃의 존재를 환기시켜오고 있다.

하지만 사탕의 공감효과에도 불구하고 몇 가지 의문이 떠오른다. 전시에 대한 관객들의 공감은 지금 한국 사회에 있는 HIV 감염인들, 에이즈 환자들을 포함하는 질병 당사자들에게까지 닿을 수 있을까? 오늘날 에이즈는 더 이상 '죽음의 질병'이 아니라 당뇨처럼 관리만 잘 하면 되는 '만성질환'으로 인식된다. 하지만 일련의 인식 변화가 질병에 대한 편견을 없애주고 질병 당사자들의 삶에 변화를 가져왔는가를 묻는다면 우리는 그리 긍정적인 대답을 기대할 수 없다. 오히려 '만성질환'이라는 의미 부여는 질병에 대한 두려움을 불식시키기는커녕 질병에 대한 무관심을 배태할 가능성으로, 이른바 부정적인 플라시보 효과로 작용하기 쉬운 것이다. 그렇다면 구체적인 질병 당사자의 삶과 조우하기도 전에 질병 당사자에 대한 관계 가능성은 여전히 '만성질환'의 굴레에 갇혀 있는 것이 아닐까? 우리는 이들의 삶과 조우하기에 앞서 감염인으로서, 에이즈 환자로서 자신의 목소리를 표현할 수 있는 환경을 살펴보고, 질병이 어떤 통로로 어떻게 이야기되고 있는지를 이야기할 필요가 있다.

질병이 대상화될 때, 질병 당사자와 질병에 의미를 부여하는 이들 사이의 위치는 분리되기 쉽다. 말하자면 사회 구성원으로부터 감염인으로 낙인찍히고, 취약/위험 집단으로 분리되면서 질병은 타자의 전유물로 치부되고 무관심과 배제로 점철되는 것이다. 그 속에서 감염인의 언어가 많은 사람들에게 환기될 수 있기를 기대하는 것은 무리이다. 그렇다면 에이즈는 감염인보다 비감염인의 관점이 우위를 점한다고 말할 수 있지 않을까? 아니, 감염인이 자신을 드러낼 수 없는 환경에 노출된 이상 누가 양적 우위를 점하고 있는지의 문제는 별로 의미가 없다. 질병에 의미가 부여되고, 취약 그룹으로 나뉘어 질병을 계층화하고 주변화할 때, 당사자들이 발화할 수 있는 입지는 좁아질 수밖에 없기 때문이다.

비감염인의, 비감염인을 위한, 비감염인에 의한 에이즈 의미 부여

현재 한국에서 감염인의 언어는 어떤 통로를 통해 발화되고 있을까? 어렵지 않게 유추해볼 수 있겠으나, 그 수는 그리 많지 않을 것이다. 필자의 짧은 식견으로는 보건 의료 연구를 위한 인터뷰나 수기 정도가 떠오른다. 과거 시사 다큐 등에 모자이크된 얼굴로 등장하여 생소한 존재감을 드러냈던 감염인들의 첫인상에 비하면 그보다는 훨씬 나아진 것으로 봐도 되는 것인지는 차후에 판단할 문제이다.

차이를 나중에 논한다 하더라도, 표면적인 사정을 살펴보면 에이즈에 대한 이미지들, 우리가 접할 수 있는 이미지들은 '정상적'인 비감염인의 관점에 의해 생산된 것들이 대부분일 것이다(재차 반복하지만 이는 감염인의 시점이냐, 비감염인의 시점이냐의 문제를 따지는 것이 아니다). 그렇다면 비감염인의 관점으로 생산되는 질병의 언어, '일반적'으로 환기되는 질병의 메시지는 어떤 내용을 담고 있을까?

질병이 특정한 가치관 아래 부정적으로 독해될 경우, 질병의 메시지는 자신 또한 당사자가 될 수 있으니 사전에 조심하라는 경고의 성격을 갖기 쉽다. 이때 예방의 목적은 계층을 재차 분할하고 질병 당사자들과 자신을 분리하는 효과를 만들어낸다. 설령 그 분리가 잘못되었음을 의식하여 질병의 편견을 바로잡는 호의적인 메시지를 담는다 하더라도 질병 당사자에 대한 태도는 동정에 그치거나 '그들도 우리와 함께 살아갈 권리가 있습니다' '손잡고 같이 밥 먹어도 전염되지 않습니다' 식의 대답 없는 메아리, 추상적인 인정의 수준을 넘어서기 쉽지 않다. 이른바 비감염인에 의해 생산되는 질병 메시지에는 자기 검열 내지 감염인에 대한 '관용의 함정'이 도사리고 있는 것이다.

'착한' 관점의 함정

HIV/AIDS를 바라보는 관점의 문제는 최근 예방 캠페인에서 주로 통용되는 포스터들을 통해 살펴볼 수 있다. 특히 여기서 주목하고자 하는 매체는 대학생 에이즈 광고 공모전을 통해 선보이고 있는 이미지와 구호들이다.

공모전은 20대 대학생을 생산자로 삼음으로써 참신하고 친근한 언어들을 생산한다는 목적성을 명확하게 밝힌다. 말하자면 젊은 층의 생산자가 만들어낸 언어들을 바탕으로 보는 이로 하여금 질병에 대한 부정적인 편견을 해소시키고, 거부감 없이 질병을 인식할 수 있도록 이끈다는 요지이다. 물론 여기에는 근래 2, 30대 감염률이 절반에 육박한다는 몇몇 통계를 바탕으로 감염 가능성이 비교적 높은 젊은 층을 대상으로 하는 점도 간과할 수 없을 것이다.

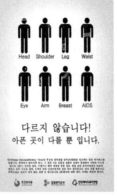

제7회 에이즈 예방 대학생 광고 공모전(2011) 인쇄 부문 수상작들(출처: 에이즈정보포털-한국에이즈정보센터, www.aidsinfo.or.kr).

어쨌거나 이는 분명 과거 공포 소구(fear appeal)를 직접적으로 활용하면서 질병에 대한 경고를 서슴지 않았던 수사들과 변별되는 지점이다. 또한 나는 동성애자가 아니고, 성매매를 한 적이 없고, 마약주사를 맞은 적이 없다는 식으로 타자를 분리하고 배제함으로써 질병으로부터 자신을 분리하고 무관심으로 일관하는 낙관적 편견(optimistic bias)과도 선을 긋는 것처럼 보인다.

그러나 질병의 메시지가 친화적이고 부드러워진 최근의 변화 속에서도 여전히 화자는 비감염인의 시점을 확실히 못박아둔다. "그녀를 지키겠습니다" "다르지 않습니다"라는 카피들처럼 질병의 메시지가 가시화되는 방식들은 지속적으로 질병을 '그들'의 전유물로 확인 사살하면서 위계를 재생산한다. 위계는 남성과 여성, 혹은 주체와 타자의 위계로 변주되면서 누군가 일방적으로 지키고 지킴당하는 '갑을관계'를 지속한다. 설령 평등 지향적 메시지가 존재할지라도 대개 수

에이즈 표현하기, 에이즈 표현을 위한 주춧돌 놓기

혈이나 수직감염에 국한될 뿐, 동성애의 경우 부호화된 인간을 남-남, 여-여로 나열함으로써 형식적인 구색 맞추기를 넘어서지 않는다.

누구나 평등하며 어떤 편견도 있어서는 안 된다는 '착한' 관점은 일반적이고 추상적인 메시지만을 쉽게 유통시키면서 질병의 취약 계층이 처해 있는 구체적인 문제들을 은폐한다. 성노동자, 동성애, 마약주사 사용자와 같은 취약 집단으로 호명된 사회적 주변 그룹의 행동 유형을 둘러싼 쟁점들은 오로지 취약 행위와 결부된 콘돔 사용으로 소급되고, 편견은 나쁘다는 메시지 아래 희석된다. 취약 그룹을 의도적으로 간과하는 메시지는 그들의 '착한' 의도와 반대로 에이즈를 동성애, 성매매, 마약주사 사용 집단으로 집단화하는 패턴을 건드리지 못한(않은?) 채 이른바 '착한 에이즈'와 '나쁜 에이즈'를 어렵지 않게 분리해낸다. 다시 말해 '착한' 관점 아래 감염인을 일방적인 제공과 보살핌의 대상으로 재현하는 시도들은 여전히 질병과 자신을 구분한 채, 관리와 금지의 부정적 요소를 재생산하고 방기한다는 우려를 떨치기 어렵다.

아이샵, 취약 집단 내부의 예방 활동

낙관적 편견의 제거는 질병을 나와 무관하지 않은 문제로 인식한다는 것이다. 한데 광고 공모전의 포스터에서 살펴보았다시피 그것은 또다시 공포를 환기시키거나('에이즈는 우리 모두의 질병') 분리를 답습하는 함정에 빠지기 쉽다. 그렇기 때문에 공익광고는 단순히 공포 소구를 통해 주체-타자의 이분법적 분리와 배제를 노골적으로 드러내는 배타성만을 경계할 수 없다. 오히려 공익광고

2012 서울LGBT영화제에서 진행된 6차 콘돔
캠페인 부스의 모습. 기념품과 자료집 및 포스
터가 전시되어 있다(출처: http://www.ishap.
org/?m=bbs&bid=forum_05&uid=7358).

가 경계해야 할 것은 타자로 호명된 집단을 관용적으로 포용하는 과
정이 암암리에 주체-타자의 관점을 반복할 수 있다는 점이다. 비감
염인의 관점으로 질병을 읽는 시도는 질병을 편견 없이 표현하고 감
염인들을 인정하는 관용을 의식한다고 할지라도, 여기서의 관용은
비감염인과 취약 계층 혹은 질병 당사자를 구분하는 전제가 있을 때
라야 가능하다는 함정을 피하기 어렵다.

그렇다면 취약 계층으로 호명된 특정 집단의 경우, 에이즈는 어떻
게 이야기될 수 있을까? 그들은 자신이 질병 당사자일 수 있다는 인
식을 가지고 있을까? 우리는 취약 계층으로 호명되고 있는 성 소수자,
특히 (남성) 동성애자 집단을 대상으로 에이즈 캠페인을 벌이고 있는
아이샵(iSAHP, IVAN STOP HIV/AIDS PROJECT)의 활동을 검토해볼
필요가 있다.

아이샵의 활동은 특정 집단을 타깃으로 삼는다는 점에서 동성애자
의 관점에서 질병을 읽어낼 수 있다는 장점을 갖지만, 동시에 특정
집단을 위험군(혹은 취약 그룹)으로 삼고 있다는 우려를 갖게끔 할
수 있기 때문에 조심스럽게 접근할 필요가 있다. 여기서는 아이샵의
활동에 대한 구체적인 평가보다는 아이샵의 구조적인 위상이 활동에

있어 어떤 의의와 한계를 갖고 있는지에 국한시켜 이야기해보기로 한다.

먼저 아이샵의 활동은 다른 예방 단체에 비해 세이프 섹스 메시지를 보다 효과적으로 전달하고 있다는 점을 장점으로 꼽을 만하다. 성소수자가 활동의 주축이 된다는 점에서 아이샵은 커뮤니티 내부에서 공유되고 있는 문화적 감수성의 접근(cultural sensitivity approach)이 가능하다는 이점을 확보한다. 실제로도 아이샵은 친근한 언어와 이미지를 개발하고 게이바에 콘돔과 젤, 자료집을 배포하는 등의 캠페인을 진행하고 있다. 이러한 활동은 결과적으로 남성 동성애자들에게 콘돔과 젤이 성관계 시 필수적인 도구라는 것을 인식시키는 데 기여했다.

하지만 아이샵이 주로 진행하는 활동이 예방에 치우치고 있다는 것은 활동상의 한계로 보인다. 현재 아이샵은 세이프 섹스 캠페인과 무상검진, 동시에 에이즈에 대한 편견 불식을 골자로 캠페인을 지속하고 있다. 하지만 이들의 활동은 비감염인 게이들을 대상으로 한다는 점에서 제한적이다. 가령 초기 감염인들에게 구체적인 정보를 제공하는 활동이나 커뮤니티 내부 감염인 라이프에 대한 가이드 등에서는 소극적인 것이다.

특히 '왜 굳이 게이들이 몰리는 종로에서 검진을 하는 것인가?'라는 질문은 설립 초기부터 근래에 이르기까지 아이샵을 둘러싼 논쟁 지점으로 작용해왔다. 보건소나 병원과 달리 검진 기관으로서 아이샵의 존재는 특정 계층을 질병 취약 집단(또는 위험 집단)으로 대상화하고 있기 때문이다.

감염병과 인문학

표면적으로 아이샵의 무상검진 활동은 '동성애자들의 감염 비율이 이성애자보다 높다는 통계를 반영한 것이 아닌가?'라는 반론을 통해 당위성을 주장할 수 있다. 하지만 특정 지역에만 예방 기관을 설립해 운영한다는 것은 동성애가 에이즈의 주범이라는 일반화된 논리를 일정한 부분 허용하고 있다는 혐의를 피할 수 없다. 무상검진 기관으로서 아이샵의 존재는 동성애자를 에이즈 취약 계층 및 위험 계층으로 보는 해석을 생산할 뿐 아니라, 동성애자의 공간을 종로로 한정하여 선을 긋는다는 우려에서 여전히 자유롭지 못하다.

이와 관련하여 아이샵은 설립 초기에 LGBT인권운동 진영과 적지 않은 충돌이 있었다. 많은 이유 중에서도 결정적인 것은 성 소수자를 대상으로 하는 질병예방 기관의 설립이 에이즈를 특정 계층의 질병으로 의미화할 수 있다는 혐의가 따랐다는 점이다. 하지만 이처럼 아이샵의 활동을 단순하게 비판할 문제는 아닐 것이다. 오히려 아이샵에 비판을 집중하는 것은 넓은 관점의 질병 문제를 간과할 수 있다. 질병에 취약한 동성애자 그룹을 상대로 예방 활동을 하는 것은 응당 긍정적으로 평가될 지점이 존재하기 때문이다.

문제는 예방 캠페인이 소수의 그룹에만 집중되고 강조되는 데 있을 것이며, 질병 예방을 보편화하지 않고 특수 계층에 할당된 문제로 봉합하는 데 있다. 물론 한국에이즈퇴치연맹 소속이라는 조건상의 한계도 무시할 수 없다. 재정이 특정 기관에 의존적인 점은 특정 지역의 예방 활동 외의 다른 사업을 진행하기 어렵게 만드는 장애로 작용하고, 따라서 외부의 비판을 수용하고 활동을 수정하기가 어려워지는 것이다.

결과적으로 예방만이 강조되는 활동은 아무리 예방의 메시지가 신선하고 친화적일지라도 질병에 대한 부정적인 인식을 전제할 수밖에 없다. 질병 예방을 위해 자기 관리(꾸준한 검사)를 해야 하고, 항상 감염 가능성을 경계해야 한다는 메시지 전달에 치중할 경우, 감염인은 분리된 타자로 놓일 수밖에 없다. 이 경우 우리는 감염인 인권에 관한 이야기가 비감염인의 목소리로 여과됨으로써 예방 아래 형식적으로 삽입되는 것은 아닌지 의심해볼 수 있다. 더구나 감염인 인권에 대한 구체적인 프로그램 없이 특정 집단을 타깃으로 무상검진을 진행하는 것은 동성애자 집단을 취약 그룹으로 묶어내는 결과를 반복한다는 비판에 노출될 수 있다.

감염인은 우리의 친구지만, 에이즈는 우리의 질병이 아니다…… '우리'?

　　　　　예방 캠페인의 이미지들은 질병을 둘러싼 부정적인 뉘앙스를 덜어내는 것을 지향한다는 점에서 말초적인 수사를 사용하는 언론과는 성격을 달리한다. 하지만 예방만을 강조하는 지점은 여전히 HIV/AIDS가 위험한 것이라는 인식을 공유한다. 이는 아이샵과 대학생 광고들이 공통적으로 콘돔 사용에 무게중심을 두면서 형식적으로 편견 바로잡기 메시지를 병행하고 있다는 점에서부터 드러난다. 예방만을 강조하는 목소리는 암암리에 질병을 위험한 것으로 의미 부여하고, 편견 철폐의 형식적인 메시지나 감염 이후 밟아야 할 절차에 대한 형식화된 매뉴얼들은 오히려 질병에 대한 접근, 감염인에 대한 접근을 더욱 어렵게 만드는 것은 아닌지 의문을 갖게 하는 것이다.

세이프 섹스로 소급되는 '반쪽짜리' 메시지는 성 소수자 그룹 내에서도 항문성교를 하는 게이와 항문성교를 하지 않는 기타 성 소수자들로 분리하는 뒤틀린 논리를 개발해내면서 최근의 논쟁으로 이어진다.

2012년 상반기, 트위터의 몇몇 성 소수자 유저들 사이에서 동성애와 에이즈의 연관성을 놓고 논쟁이 벌어진 적이 있다. 논쟁은 본인을 게이로 소개한 미술비평가와 심리학자, 국내 성 소수자 인권활동가들이 참여하는 적지 않은 규모로 벌어졌고 이는 당시 성 소수자 운동 내부에서 유명한 일화로 남았다. 논지들을 거칠게 나눠보면 '성적 욕구가 왕성한 남성 동성애자일수록 바이러스에 노출되기 쉽다'는 멘트와 '동성애와 에이즈는 인과적으로 관련성이 없다'는 입장 사이의 대립으로 정리할 수 있었다. 전자가 '동성애는 에이즈의 주범'이라는 기존의 일반화된 공격적 의미를 함의하는 우려에도 불구하고, 필자의 심기를 복잡하게 했던 멘트는 "감염인을 배제하면 안 되지만, 에이즈는 '인과적으로/논리적으로/상식적으로' 동성애와는 무관한 질병이다"와 같은 분리의 수사였다.

표면적으로 위의 입장은 과거 성 소수자 운동 진영에서 '동성애는 에이즈의 주범이 아니다'라고 방어하기에 급급했던 단순한 외침보다는 세련된 외관을 띤다. 적어도 여기서는 성 소수자 그룹 내부에(그룹이 존재한다면) 감염인이 존재한다는 사실을 인지하고 있기 때문이다. 그러나 다른 한편으로 주목할 점은 위의 논리가 정체성(동성애자)과 행위(항문성교)를 분리함으로써 동성애와 질병의 직접적인 인과성을 부인한다는 것이다. 이들에 따르면 모든 동성애자들이 항문성교를 하는 것은 아니다. 그렇기 때문에 동성애 자체는 질병과 직접적인 연관을 갖지 않는다.

사실 이런 방식의 분리는 과거 에이즈가 동성애자의 천형(天刑)이라는 잘못된 편견에서 비롯된 공격에 객관성을 갖추고 대응해온 논리이기도 하다. 같은 맥락에서 현재까지 수많은 에이즈 공식 문서와 연구가 질병 취약 집단을 남성 동성애자가 아닌 MSM(men who sex with men)으로 구체화하는 지점 역시 에이즈가 특정한 성 정체성/지향과 직결되는 질병이 아님을 전략적으로 객관화해온 노력으로 해석할 수 있다.

하지만 위의 입장은 에이즈가 동성애와 '직결되지 않는다'는 논리로부터 '동성애와 에이즈는 무관하다'는 논리로 비약한다. 말하자면 '모든 동성애자가 항문성교를 하는 것은 아니기 때문에 성 정체성/지향은 에이즈와 무관하다'는 것이다. 여기서 중요한 것은 논리 자체의 잘잘못을 따지는 데 있지 않다. 오히려 문제는 발화자들이 질병에 대한 편견과 공격 자체에 의문을 던지기보다 공격으로부터 철저하게 배타성을 취하며 방어적으로 자신은 질병의 위험으로부터 무관함을 주장한다는 데 있다.

이들은 질병 당사자를 대하는 태도에서도 이중성을 보여준다. 가령 형식적으로는 감염인을 하나의 구성원으로 받아들여야 한다는 관용의 제스처를 취하면서도, 자신은 비항문성교자이기 때문에 질병과 무관하다고 못박음으로써 에이즈와 동성애를—정확히 이야기하면 항문성교와 동성애 정체성을—교묘하게 분리하는 것이다.

이처럼 개별 감염인의 존재는 인정하지만, 나까지 에이즈의 주범인 것처럼 묘사되는 것에 분개하는 모습은 에이즈를 둘러싼 관용과 분리의 분열된 초상을 보여준다. 이 경우 감염인은 관용으로 대해야 할 구

감염병과 인문학

성원이지만, 에이즈는 무분별한 성행위의 결과로 얻은 질병이란 꼬리
표를 계속 붙임으로써 감염인을 뒤틀린 인정-배제의 순환에 빠뜨리
는 건 아닌지 우려를 갖게 한다.

성 소수자들이 질병에 대해 갖는 관용과 분리의 분열은 감염인의
이야기 속에서도 체감할 수 있다. 동성애자인권연대 HIV/AIDS 인권
팀은 2012년 한 해 동안 에이즈 단체 현황 조사를 위한 인터뷰를 진행
하면서 20대 동성애자 감염인으로부터 자신의 경험을 들을 수 있었다.
먼저 그는 감염인으로서 자신의 커밍아웃이 주변 소수의 지인들 사이
에서는 호의적으로 받아들여지고, 이후에도 우호적인 관계를 지속할
수 있었다고 밝힌다. 아마도 캠페인과 운동을 통해 질병에 대한 정보
가 커뮤니티 안팎에 환기된 분위기 덕분이 아니었을까 추측한다. 하
지만 이어서 그는 바로 감염인에 대한 주변 친구들의 반응과 대중 커
뮤니티의 반응 사이 온도 차가 극렬하게 다르다는 점을 지적한다. 자
신의 감염 사실이 소수의 지인들에게는 받아들여질지언정 여전히 커
뮤니티 내에서 에이즈(환자)는 위험하고 배제되어야 하는 금기와 두
려움의 대상으로만 취급된다는 것이다.

이는 개별 감염인들은 인정하지만 나까지 에이즈 당사자로 낙인찍
히는 것만큼은 용납할 수 없다는 분열된 논리에 상응한다. 요컨대 질
병을 둘러싼 편견에 문제가 있음을 감지하고 있으면서도 사람들은 질
병 당사자와 질병을 분리하고 감염 가능성이 높은 유형과 자신들을
분리하면서 사회적 쟁점을 은폐하고 '착한' 주장에 고착한다. 질병에
쉽게 노출될 행동 유형과 성적 정체성/지향을 분리하는 시도는 질병
에 대한 공격을 소수자 그룹 내에서도 특정 행위 유형을 배타적으로

집단화하여(애널섹스 집단?) 행함으로써, 문제의 책임을 전가하는 위험을 반복할 뿐이다.

질병 당사자의 자기 드러내기

위의 논쟁은 일차적으로 동성애자 자신들에게 어렵지만 피할 수 없는 물음을 던진다. 동성애자들은 어떻게 에이즈가 자신들의 질병이라는 공격으로부터 거리를 두면서 동시에 에이즈를 자신의 질병으로 인식할 수 있을 것인가? 물음은 커뮤니티 바깥의 문제로 나아간다. 사람들은 에이즈가 동성애자 고유의 질병이 아님을 인식하면서 동시에 어떻게 동성애자들의 높은 감염률을 이해해야 할 것인가? 두 질문은 현재 한국 사회에서 자기 존재의 정당성을 주장하고 권리를 요구하며 제 목소리를 높이고 있는 성 소수자들의 위상 변화 속에서 에이즈가 어떻게 자리매김할 수 있는지에 대해 생각할 것을 요구한다. 이는 에이즈를 둘러싼 위험과 두려움이 성 소수자에 대한 공격의 도구이자 명분으로 활용되는 지금, 성 소수자들이 어떻게 이들 공격에 반박하면서 동시에 질병 당사자들을 배제하지 않을 것인가에 대한 과제에도 맞닿아 있다. 질병 문제는 단순히 보건·의료적 접근뿐 아니라 정책과 제도, 수많은 재현물들 속에서 지속적으로 '정상'과 '비정상', '우리'와 '타자', '나'와 '너'를 분리하는 사회적 인식, 개인적 가치관들과 씨름해야만 하는 문제인 것이다.

관용을 담보로 용인되는 무관심, 그 속에서 여전히 지속되고 있는 분리와 배제의 역학이 지배하는 사회에서 타자로 호명된 이들의 존재는 묵인되거나 지워지기 쉽고, 침묵을 강요당한 채 자신의 모습을 노출시킬 수밖에 없다. 그렇기에 질병과 성 정체성에 대한 배타적인 분위기 속에서 감염인 스스로가 공적으로 감염인으로서, 동시에 성적 소수자로서 자신의 존재를 '커밍아웃'하는 행위는 그 자체로 사회에 자신의 존재를 쟁점화할 가능성을 갖는다. 모자이크에 뭉개지고 파편화된 얼굴, 변조된 목소리와 같이 신변 보호 아래 철저하게 대상화되고 판에 박혀 있던 감염인의 틀로부터 얼굴을 고스란히 드러낸 채 목소리를 뱉어내고 사회와 주변 구성원들에게 또렷하게 지지를 요구하고 당신의 부당성과 수정을 요구하는 행위는 기존의 질병에 대한 비감염인 우위의 일반적 시선에 은폐된 맹점을 확실하게 각인하며 질병에 대한 표현의 관점과 형식을 쟁점화한다(하지만 감염인들의 모습을 변형과 왜곡을 통해 시각화하는 것을 비판적으로 바라보는 입장과 에이즈 이슈의 가시화 효과까지 부정하는 태도를 동일시하는 것은 위험할 것이다. 모자이크 아래 당사자의 얼굴이 부서지고 변조되는 과정은 질병이 왜곡된 프레임으로 전달되었던 구조를 시각화하지만, 감염인의 목소리는 가십과 동정의 대상으로 수렴되는 일련의 '과정'을 통과하면서도 완전히 여과되지 않고 제 존재를 드러내며 발화되고 있기 때문이다. 따라서 우리는 일련의 변화를 결정적인 전환으로 바라보기보다, 가시화에 대한 지속적인 시도를 통해 자신을 드러낼 수 있는 채널을 쟁취할 수 있게 된 것으로 역사화할 필요가 있다).

한국의 경우, 감염인의 존재가 구체적인 얼굴과 목소리로 대중에게 드러난 시점은 한미 FTA가 논의되던 시점, 다국적 제약회사의 지적재산권 독점을 상대로 조직된 투쟁으로 소급된다. 감염인 활동가가 자신의 얼굴을 드러내면서 외치는 삶의 이야기는 그 자체만으로도 경

김준수, 「Hello Gabriel~#3」, 2011.

제적 이해관계의 논의에 앞서 약값 투쟁의 명분이 될 수 있었다.

얼굴을 드러낸 PL, 특정 감염인 활동가의 존재는 질병과 삶에 관련된 표현을 적극적으로 생산할 수 있는 조건을 마련해주었다. 그 대표적인 예가 2011년 김준수의 사진전 「Hello, Gabriel」이다. 국내에서는 감염인의 얼굴이 직접적으로 노출된 최초의 전시이다.

작가는 약통이 굴러다니고 옷가지들이 뒤섞여 있는 일상 공간 속의 가브리엘을 담는다. 좁은 방에 꾸역꾸역 쌓여 있는 가재도구들은 감염인의 공간에 빈곤을 새겨넣는다. 카메라에 고스란히 노출된 취약한 풍경 속에서 감염 이후 눈이 안 좋아져 고개가 한쪽으로 치우치고 시선이 흐려진 그의 모습은 사진 속에 장애 또한 기입한다.

여기에 작가는 몇 가지 장치들을 더하고 있다. 이를테면 환등기로 가브리엘의 과거 모습을 방바닥과 벽면에 투영시켜 현재 가브리엘의 모습에 겹쳐놓는 것이다. 화면 밖을 바라보는 과거의 무게 없는 웃음이 빈곤한 감염인의 현재에 포개어진다. 과거와 현재로 분열된 두 이미지들은 같은 공간에 배치되었음에도 절대로 봉합될 수 없는 심적 거리를 남겨둔다. 이 심적 거리, 부유하는 과거와 불완전한 현재의 이미지들 사이에 걸쳐 있는 가브리엘의 모습은 화면 프레임 안에 고립된 상태로 남겨짐으로써 관객의 시선을 사로잡으며 애수를 자아내지만, 두 이미지 사이의 이질감은 그를 해석의 의미망에 여과할 수 없게끔 관객의 시선을 괴롭히며 잔여물처럼 남는다.

한편 그를 고립 속 분열된 이미지로 그려낸 사진은 비슷한 시기 가브리엘의 살아온 이야기를 담은 『하늘을 듣는다』(사람생각, 2010)와 묘한 균형을 맞춘다. 고백적인 자기 서사의 방식을 빌려 가브리엘은 앞서 평면으로 인화된 사진이 보여줄 수 없었던 노동자로서의 삶과 게이로서의 삶, 그리고 감염인으로서의 삶을 기록하고 있다. 사진이 과거의 모습과 자신의 모습 사이에 말할 수 없는 분열의 지점을 드러냈다면, 그의 자서전은 살면서 그가 만나온 사람들과 그가 줄곧 들으며 위안을 얻었던 음악들을 문장으로 이야기한다. 관객은 이제 독자가 되어 가브리엘이 그려 넣은 음표를 따라 그의 서사를 더듬는다.

가브리엘의 기록은 시위 장소의 외침에서 라디오 DJ로, 사진 속 모델에서 책이 들려주는 이야기로 변주된다. 이제 그의 이야기는 영화로 제작된다. 2012년 개봉한 「옥탑방 열기」는 사진에서 주요 공간으로 등장했던 옥탑방의 일상을 담으며 그의 동거인이었던 두열과의 불화와 화해를 담는다. 이전의 작업들이 가브리엘에 초점을 맞춰 그가 살아온 이야기, 그가 살고 있는 공간과 대면하고 있다면, 영화는 지금

고유정 · 노은지, 「옥탑방
열기」, 다큐멘터리, 70분,
2012.

여기서 살아가고 있는 가브리엘의 모습, 구체적으로 말해 다른 감염
인과 살면서 겪는 그들의 관계와 불화를 이야기한다.

표현을 위한 주춧돌 놓기

가브리엘을 둘러싼 표현의 시도들에 비중을 두고 이
야기하는 이유는 일차적으로 더 이상 감염인이 모자이크에 얼굴이 파
괴된 채 괴물의 모습으로, 혹은 일방적인 수혜와 관리, 금지의 대상으
로 표현되지 않을 수 있는 가능성을 발견하고자 하는 데 있다. 고립된
감염인의 모습은 조금씩 그들을 둘러싼 공간을 보여주고, 그들이 맺
고 있는 관계를 열어감으로써 관객에게 손을 내민다.

감염인의 목소리는 단순히 남들이 몰랐던 당사자의 이야기를 소극
적으로 들려주는 차원을 넘어선다. 감염인의 발화는 자신의 삶이 비
감염인의 시점으로 구획된 제도와 사회적 프레임들에 의해 침식되고
있음을 폭로하고, 그가 속한 사회에서 질병에 대한 제도적, 사회학적,
보건 · 의료적 척도를 제공한다. 따라서 감염인이 질병 당사자로서 겪

은 경험의 구술은 그 자체로 운동의 구호가 되기도 한다.

하지만 여전히 감염인은 자신의 모습을 드러내는 데 어려움이 있다. 여전히 질병에 대한 편견이 지배하는 한국 사회에서 가브리엘의 존재가 의도치 않게 '예외적인 존재' '스타'처럼 되어버린 것이 기쁜 일만은 아닌 것 같다. 더불어 가브리엘이 '아픈 몸' '빈곤한 삶'으로 감염인의 표본으로 작용하고 있다는 안팎의 불만들, 더불어 감염인의 일상 속에 동성애자라는 정체성이 드러나지 않은 채 외따로 떨어진 '옥탑방'의 삶으로만 가시화되는 문제들은 필시 따로 논의를 요구하는 사안이다. 감염인의 삶은 감염인으로 분리됨으로써만 가시화될 수 있는 것일까? 감염인과 비감염인의 관계 가능성은 어떤 형식을 가질 수 있을까?

적어도 위의 질문들을 생각하기 위해 현재 짚어야 할 것은 감염인이 감염인으로서 자신의 얼굴을 드러내기까지 어떤 과정이 있었는지, 감염인이 자신의 얼굴을 드러내기까지 어떤 작업이 필요한지를 논해야 한다는 점이다. 나아가 우리는 얼굴을 드러내는 필요조건의 부담을 짊어지지 않고서도 자신의 목소리를 낼 수 있는 형식이 무엇이 있을지를 고민해야 한다.

여기서 우리는 가브리엘을 다룬 위의 자료들이 기존 매체를 통해 표현되기까지 그를 지지하는 사람들의 응원과 후원, 협업의 과정이 있었음을 주목할 필요가 있다. 그것은 에이즈에 대한 표현의 관점을 변화시키는 것이 단순히 감염인 주도의 표현, 질병 당사자의 적극적인 참여에 역점을 두는 데에만 있지 않다는 점을 상기시켜준다.

지지의 제스처를 일방적으로 취하고 감염인의 발화를 특권화하는 태도는 다시금 감염인의 존재를 분리하고 타자로 신화화하는 모순에, 에이즈 운동을 '당사자 운동'으로 축소시키는 위험에 빠뜨릴 수 있다. 따라서 에이즈에 대한 표현의 문제는 질병 당사자가 스스로를 표현할 수 있는 환경을 둘러싼 문제, '에이즈를 표현하기 위한 주춧돌 놓기'의 과제에서부터 시작되어야 한다. 즉 감염인의 자기표현만큼이나 그들이 사회 구성원으로서 능동적으로 목소리를 낼 수 있는 환경을 구축하고 사회적 지지 기반을 형성하는 노력들은 당사자의 표현을 북돋워주는 차원을 넘어 제도적 부당함과 배타적으로 운용되는 공중보건 문제들의 수정을 요구하는 기초적인 작업인 것이다. 따라서 감염인이 자기표현을 할 수 있는 환경을 고민하는 문제는 단순히 질병 당사자에만 국한된 과제를 뛰어넘어 사회 구성원이 함께 살아갈 수 있는 조건을 모색해보는 시도로 이해되어야 할 것이다.

그런 점에서 질병 당사자에 대한 지지는 그들의 목소리를 어떻게 들을 것인가의 일차적인 과제와 대면하고 있는 이들(연구자, 활동가 혹은 작가 등등)의 책무이기도 하다. 앞서 언급한 감염인 대상의 인터뷰는 단순히 연구를 위한 도구로만 평가될 수 없다. 감염인의 목소리를 읽는 작업은 그들의 언어와 함께 호흡하는 것이다. 녹취한 목소리의 문맥과 단어를 더듬어가며 사회적·제도적 문제와 대면시키고, 여기에 비평적·전문적 언어를 보강하거나 특정 서사를 주입하여 독자에게 설득력 있게 읽히도록 문장을 만들어내는 것. 이는 일차적으로 질병 당사자들이 발화할 수 있는 자리를 마련하고, 그들의 목소리를 기억하며 동시에 대화를 열어나갈 수 있는 방식이다. 나아가 기록된 자료들은 자료의 존재 자체로 에이즈 이슈를 쟁점화할 수 있는 전략적 효과를 가질 수 있고, 그 속에서 지지 세력을 결집할 수 있다. 결과적으로 이러한 자료들은 에이즈를 표현하는 데 전거이자 롤모델로 기능할 것이고, 일상적 삶으로부터 체감하는 사회적 부조리의 언어들을 제공함으로써 질병에 대한 투쟁을 지속시키는 동력이 될 수 있을 것이다.

정리

지금까지 우리는 질병의 표현에서 표현이 가능할 수 있는 환경 조성의 중요성을 강조하기 위해 최근 국내에서 생산된 에이즈 캠페인 및 관련 표현물을 가져와 분석을 시도했다. 이러한 논의를 통해 질병에 대한 인식이 어떤 언어를 만들어내는지 비판적으로 바라볼 수 있었지만, 평가의 의의 너머 어떤 언어가 질병 당사자를 분리하지 않을 수 있을지에 대한 고민이 이야기되지 않은 점은 이 글의 한계로 남는다. 이를 위해 우리는 외국의 정책과 캠페인을 비교하거나 롤모델로 삼고, 머리를 맞대어 이야기할 지속적인 프로그램을 개발해야겠지만, 대안적인 표현 환경의 조성과 새로운 표현 언어에 대한 고민은 이후의 과제로 남겨야겠다.

길지 않은 기간 동안 필자가 에이즈 인권 활동을 하면서 배운 것이 있다면, 자긍심 운동에서 주장될 자긍심은 우리도 불완전하지 않은 '정상적인' 사회 시민임을 주장하기보다 우리 모두가 조금씩 불완전한 존재임을 자각하면서 서로의 불완전함을 지지하고 연대하는 과정에서 구성될 수 있다는 것, 나아가 구성원을 완전함과 불완전함, 정상과 비정상의 프레임으로 구분하고 위치 짓는 사회규범에 지속적으로 문제를 제기하고 그것을 자신들의 삶의 조건을 변화시키는 운동으로 연결시켜야 한다는 것이었다. 감염인이 타자와의 관계를 지속시킬 수 있다는 심리적 지지와 안정감의 확보는 당사자들의 자긍심을 구성할 뿐 아니라, 공중보건 내에서 감염인 인권을 분리하지 않으며 제도를 구성할 수 있는 조건으로 작용한다. 사회 운동과 예술적인 생산 활동을 포함한 나의 생활 전체는 내 이야기를 들어줄 수 있는 누군가가 존재할 때, 내 이야기가 '이야기'로 들릴 수 있을 때 가능한 것이다.

크로이펠트-
야콥병과
인류

지제근
서울대 의과대학 병리학교실 명예교수

인류 역사에서 질병은 '생로병사'란 말에서 표현되듯이 하나의 중요한 성분이다. 죽음은 보통 자연사와 사고사로 나눌 수 있는데, 자연사는 결국 병사(病死)이기 때문에 모든 사람은 결국 병으로 사망하게 된다. 질병은 죽음의 원인일 뿐 아니라 살아 있는 사람에게도 일생 동안 삶 자체에 끊임없이 영향을 준다.

세계보건기구(WHO)의 사망 원인에 대한 통계에 의하면 각종 감염병은 전 세계 인구 사망의 26퍼센트(2002)이고, 1993년에는 32퍼센트를 차지하였다. 그러나 역사적으로 보면 감염병의 영향은 이 정도를 넘어 엄청난 숫자의 사람들을 사망에 이르게 하였다. 예를 들어 흑사병(黑死病, plague)은 기원후 54~750년 사이에 유럽 인구의 50~60퍼센트를 감소시켰고, 1347~1352년 사이에도 유럽에서 2천5백만 명을 죽게 했다. 또 천연두로 알려진 두창(痘瘡, smallpox)은 1518~1768년 사이 50년 동안 멕시코 인구를 2천만 명에서 3백만 명으로 만들었다.

20세기에 들어와서도 감염병은 종류가 바뀌면서 계속 인류를 위협했고, 1918년 한 해만도 인플루엔자로 세계 인구의 2퍼센트가 사망했으며 오늘날에도 매해 25만 명 내지 50만 명이 사망한다. 그 외에 에이즈(AIDS)와 말라리아도 전 세계 인구 사망 원인의 7퍼센트를 차지하고 있다.

이와 같이 어떤 병이 사람에서 사람으로 옮겨가는 현상이 인류에게 커다란 의미로 작용하였음은 역사를 통해 알 수 있거니와 감염병이란 사실을 모르거나 감염 경로를 모르는 채 죽어가는 상당수의 인구집단이 있을 것이라는 사실을 간과할 수 없다. 이런 범주에 속하는 질병 중 대표적인 것이 크로이펠트-야콥병(Creutzfeldt-Jacob disease, 이후 CJD로 줄임)이다.

크로이펠트-야콥병은 약 100년 전에 독일에서 원인 모를 퇴행성 신경병으로 처음 기술된 후 아직까지도 확실한 병인이 밝혀지지 않았다. 그동안 질병의 원인이 밝혀지면 병명에서 사람 이름을 삭제하고 원인이나 병리에 따라 병명을 조정해왔음에도 CJD는 부득이 최초 기술자의 이름이 아직도 질병명에 남아 있는 몇 개 되지 않는 병이다. 현재 이것은 살아 있는 병원체가 아닌 일종의 단백질인 '프리온(prion)'이란 물질에 의해 전파된다고 추정되고 있을 뿐이다.

1920년 독일의 신경학자인 크로이펠트는 23세 여자에게서 감각, 운동, 그리고 정신적 장애를 보이는 이상한 퇴행성신경병을 발견했고, 뒤이어 1921년과 1923년에도 야콥은 5예의 비슷한 증상을 가지는 병을 기술했다. 그런데 이것이 그동안 알려졌던 어떤 병과도 달라서 슈

필마이어(Spielmeyer)는 1922년 이 병을 크로이펠트-야콥이라고 명명했다. 지금 와서 학자들은 야콥이 기술한 다섯 명 중 2예만이 진성 CJD였다고 생각하고 있다. 이후 1930년까지 이 병이 가족적으로 발병하는 것도 알려지면서 야콥의 공헌을 중시하여 야콥-크로이펠트병이라고 부르기도 한다. CJD의 신경병리학적 소견에서 가장 두드러지는 것은 신경세포와 그 돌기에 나타나는 해면 모양 변성, 신경세포 소실, 심한 성상세포 증식, 그리고 아밀로이드반(Amyloid plaque) 형성이다. 해면 모양이란 뇌 조직 내에 공포(vacuole)가 생겨서 갯솜처럼 되는 것인데 이 공포는 세포체 밖에 있는 세포돌기 내에 있으며 둥글거나 난원형이고 크기는 5~25마이크로미터이다. 전자현미경으로 보아도 이 공포 내에는 특별한 것이 없고 염증을 동반하지 않는다.

이후 약 20년간 CJD 비슷한 병은 전 세계에서 많은 예가 여러 가지 이름으로 발표되었지만 그 원인에 대해서는 전혀 진전된 견해가 없었다. 그러다가 1950년대에 와서 파푸아 뉴기니 원주민 사이에 쿠루(kuru)라는 원인 모를 신경계 질환이 있다는 것을 알고, 특정 원주민 집단을 조사하는 가운데 이들에게 경련과 급속히 진행되는 신경 증세를 동반하는 높은 치사율의 병이 있음을 확인하였다. 이들의 과거력을 조사하는 가운데 이 부족은 가족이나 가까운 사람이 사망한 경우 그들의 의식에 따라 사자(死者)의 뇌를 포함한 신체를 나누어 먹는 관습이 있음을 알았다. 특히 뇌는 여자와 아이들만 먹고 남자는 근육만 먹었는데, 사망한 사람 모두가 여성과 아이들임도 알게 되었다. 미국의 가이드세크(Gujdusek)는 이 병에 대해 전염병 가능성을 의심하고, 사망한 사람의 뇌를 영장류 동물에게 접종한 결과 12개월 이상의 긴 잠복기를 지난 후 병리학적으로 쿠루와 비슷한 변화가 침팬지 뇌에 나타나는 것을 알아냈다. 그는 이것이 서서히 발병하는 바이러스라 생각하고 '지연성 바이러스 감염(slow virus infection)'이란 용어를 사용했다. 그는 이와 같은 업적으로 노벨생리의학상을 받았다.

바이러스라고 생각은 했지만 아무도 뇌 조직에서 바이러스를 찾아내지 못했는데, 이 병들의 병리조직학적 특징은 뇌 조직 내에 작은 공포가 나타나며 신경세포가 변성을 일으키면서도 이상하게 염증 소견은 없다는 점이었다. 따라서 이 병을 전파성해면모양뇌병증 질환(Transmissible spongiform encephalopathy diseases)이라고 하게 되었다. 그런데 이러한 변화를 일으키는 것은 정상적으로 뇌에 있는 단백질이 변화된 것으로, 이것이 신경세포를 파괴하는 것으로 알려졌다. 이처럼은 기존의 감염체라는 개념을 뛰어넘는, 즉 생명체가 아닌 단백질로 된 물질이 감염을 일으킨다는 사실을 확인하고 그 물질에 '단백질성 감염성 입자(Proteinaceous infectious particle)'에서 따온 '프리온'이란 이름을 붙인 것은 1982년 미국의 프루지너(Prusiner)였다. 프리온은 전파를 일으키지만 기존의 어떤 미생물과도 다르고, 바이러스와 비슷하지만 바이러스가 가져야 하는 핵산(nucleic acid)은 없기 때문에 바이러스라고는 할 수 없다. 프루지너는 이것을 발견한 공로로 노벨상을 받았다.

최근 연구로 우리 몸에는 프리온이 정상적으로 존재하고(이를 PrPc라고 한다), 질병을 유발하는 변형 프리온(이를 PrPsc라고 한다)은 이러한 정상 프리온의 이성체라는 것이 밝혀졌다.

이러한 변형 프리온이 유전적 이상으로 몸 안에서 형성되는 것이

유전성 CJD(Familial CJD=fCJD)이고, 외부로부터 섭취하여 형성되는 것이 쿠루나 변형 CJD(Variant CJD=vCJD)라고 할 수 있으며, 인위적으로 감염되는 것을 의인성 CJD(iatrogenic CJD=iCJD)라고 한다. 이들은 우리 몸속에 들어오면 정상 프리온과 결합하여 정상 프리온을 변형 프리온으로 바꾼다. 이것들이 점차 많아지면서 서로 얽혀 덩어리가 형성됨으로써 세포의 기능 장애를 일으키고 결국엔 사망에 이른다는 것이 프리온병의 병리 메커니즘이다.

1920년대부터 알려진 사람의 CJD가 프리온에 의한 것이라는 사실이 밝혀진 것은 이 병으로 사망한 사람의 뇌에서 프리온 단백질이 발견되었기 때문이다. 그러나 이들 환자가 사람의 뇌를 섭취한 과거력이 없기 때문에 CJD는 쿠루와는 다른, 아직도 원인을 모르는 병으로 남아 있다. 그뿐만 아니라 그동안 기술되었던 게르스트만-스트로이슬러-샤인커증후군(Gerstmann-Sträussler-Scheinker syndrome), 치사성가족성불면증(fatal familial insomnia)이라는 병도 사람의 프리온병이라는 것이 알려졌다. 또 한 가지 프리온병에서 알려진 사실은 실험적으로가 아니라 자연 상태에서 사람이 아닌 동물에서도 프리온병이 발생한다는 것이다. 소를 포함한 가축에서 발생하는 소해면양뇌병증(Bovine spongiform encephalopathy, BSE), 양에서 발생하는 스크레이피(scrapie), 사슴류에서 발생하는 만성소모병(chronic wasting disease, CWD) 등이 그 예이다.

한편 광우병으로 잘 알려진 소의 병은 소해면양뇌병증으로, 쿠루의 신경병리 소견과 유사하다. 그리고 아주 드문 일이지만 BSE에 걸린 쇠고기를 먹은 사람 중에서 BSE로 죽은 소의 뇌 병리와 비슷한 소견을 사후 뇌의 부검에서 보이고 해당 프리온이 증명되는 경우가 있는데 이것을 고전적(classic) 혹은 산발적(sporadic) CJD와 구별하여 변형 크로이펠트-야콥병이라 한다. CJD는 예로부터 사람에게 있었던 병이고, 이것은 BSE와는 상관없으며 병리 소견도 차이가 있다. 즉 CJD와 vCJD는 전혀 다른 병이라 할 수 있다. 따라서 CJD를 '인간 광우병'으로 잘못 알면 안 된다. 우선 '인간 광우병'이란 용어는 없으며, 써서는 안 된다. 아직 모르는 것이 더 많은 이 병에 대해 당분간은 vCJD로 부르며 연구해야 할 것이다.

vCJD는 1994년 영국에서 처음 발생한 새로운 형태의 인간 프리온병으로 현재까지 세계적으로 210명의 환자가 발생하였다. BSE가 많이 발생한 영국에서 주로 발병했지만 전 세계적으로 넓은 분포를 갖는다. 국내에는 그에 대해 보고된 사례가 없다. 환자는 sCJD와는 다른 임상 증상, 경과, 그리고 검사 소견을 보인다.

CJD는 사람에게 발생하는 가장 흔한 프리온병이지만 다른 병에 비해 매우 드물어 세계적으로 인구 백만 명당 0.5~1.5명의 발생률을 보인다.

CJD를 포함한 사람의 프리온 질환 중 85~90퍼센트를 차지하는 것은 산발적 CJD인데, 이것은 감염이나 유전에 의한 것이 아니고 세계 어디에서도 발생하고 그 빈도는 인구 백만 명 중 한 사람꼴로 매년 발생한다. 남녀비는 같고 40~90세에 주로 발생하지만 60대가 가장 많다. 따라서 이것은 나이와 관련되어 PRNP 유전자의 자연돌연변이가 원인이라 생각하고 있다. 일단 발병하면 빨리 진행하여 4~12개월 만에 사망한다. 이에 비하여 가족적 CJD는 sCJD보다 더 일찍 발병한다. 치매와 경련, 운동실조 등 다양한 퇴행성신경 증상이 나타나며 특징적 뇌파 소견과 근래에 와서는 자기공명영상 소견도 나타난다.

CJD와 종간 장벽(Species barrier)

동물과 사람, 사람과 동물을 넘나드는 감염병을 인수공통감염병(zoonosis)이라고 한다. 일반적으로 질병은 종(種, species)의 장벽을 뛰어넘는 경우가 대단히 드물다. 해부학적으로 비슷하다고 해도 생리학적으로는 차이가 나기 때문에 동물에서 얻은 결과를 함부로 사람에게 적용해서는 안 되는 것이 자연계의 현실이다. 그런 의미에서 동물, 그것도 유인원이 아닌 동물, 특히 설치류(rodent)의 실험 결과를 바로 사람에게 적용하는 것은 큰 오류이며 엄청난 오해의 원인이 된다.

그럼에도 불구하고 극히 일부 감염병은 사람과 동물이 같은 원인인자에 의해 감염되는 것이 사실이다. 프리온병이 그 예이다. 사람의 병이 동물에게 옮겨지는 경우는 별로 알려진 것이 없으나 동물의 병이 사람에게 옮겨지는 경우가 그동안 문제가 되어왔다. 이 가운데 가장 많이 알려져 있는 병이 광견병이다. 이 병은 사람이 미친개에게 물려서 옮겨지는 바이러스 감염병이다. 광견병 바이러스는 개뿐만 아니라 박쥐를 포함한 야생동물에게도 감염되는데 동물에 따라서는 감염이 되어도 증상이 없을 수도 있다. 사람이 개에게 물려 이 바이러스가 중추신경계를 침범하면 물을 무서워하는 공수병(恐水病)이란 이름의 광견병을 일으킨다.

동물 접종 실험에서 나타나는 동물의 종간 관계는 매우 복잡하다. 이는 각 동물의 PRNP 유전자 차이 때문이라고 설명하는데, 변형되는 프리온의 3차원적 구조가 서로 다르다는 것이다. 실험적으로 첫번째 동물의 변형 프리온을 다른 종인 두번째 동물에게 전파시키면, 두번째 동물의 뇌에서 특정한 프리온이 생기는데, 이렇게 두번째 동물에게 생긴 프리온을 원래의 첫번째 동물에게 접종하면 전파되지 않을 수도 있고 오히려 전파를 더 빠르게 하는 경우도 있다. 쥐, 햄스터, 영장류 등은 비교적 프리온 전파가 쉬운 것으로 생각되고 있다. 처음 영국에서 BSE가 발병했을 때 그동안 스크레이피에 걸린 양고기를 사람이 먹었음에도 불구하고 특별한 질병이 발생하지 않은 것으로 보아 BSE에 감염된 소고기도 사람이 먹었을 때 큰 문제가 없을 것을 짐작하였으나, BSE는 사람과 소 사이의 종간 장벽을 넘어 변형 CJD를 일으켰다. 사슴과 엘크 등에서 발생하는 만성소모병도 미국과 캐나다에 퍼져 있는 프리온병인데, 이것도 종간 장벽을 넘어 사람에게 감염될 가능성이 있기 때문에 특히 녹용을 많이 수입하여 소비하는 우리나라에서는 이에 대한 대책이 요구되고 있다. 변형 프리온과 정상 프리온의 유사성이 높을수록 같은 종의 다른 개체에 프리온을 전파시켜 질병을 유발시킬 확률이 높은데, 접종 용량, 접종 방법, 그리고 개체의 유전적 요인 등이 변수로 작용하여 장벽의 높이를 결정한다고 할 수 있다.

우리나라 프리온 질환의 실태

프리온 질환에 대한 역학 조사는 이 질환의 정체를

밝히는 데 매우 중요하고 실제적 위험성의 예측과 효과적인 감시를 위해 반드시 확보해야 할 자료이다. 최근 국내에서도 질병관리본부 아래에 CJD감시위원회가 조직되어 체계적인 활동을 시작했다.

국내에서는 sCJD가 매년 10~20명 정도가 보고되고 있으며, fCJD도 1예 보고되어 있으며, 최근 신경외과에서 상업적 경막을 수술에서 사용했다가 발병한 iCJD의 1예도 보고되었다. CJD의 확진을 위해서는 뇌 조직 검사나 부검을 통해 얻은 뇌 조직으로 웨스턴블롯(Western blot)을 실시하여 뇌 조직 안에 단백질 분해효소에 분해되지 않는 단백질이 존재함을 확인하고, 면역 염색을 통해 신경세포 안에 프리온 단백질이 존재하는 것을 확인해야 한다. 또 최근 감베티(Gambetti) 등은 이상 행동과 정신 증상을 보이던 일련의 환자들에게서 기존의 프리온과는 달리 프로테아제(protease)에 예민하게 반응하는 프리온이 관련된 새로운 질병을 발견하고 이를 'protease-sensitive prionopathy'로 명명함으로써 프리온에 의해 발생하는 질환의 범위가 점차 넓어지고 있음을 보여준다.

프리온병과 인류

프리온 질환은 기존의 생물학적 상식을 넘어서는 여러 가지 현상을 우리에게 보여준다. 프리온병은 학문적으로는 흥미와 연구의 대상이지만 임상적으로는 아직 치료법이 없고 일단 증상이 시작되면 100퍼센트 사망한다. 이 병이 의학적으로뿐만 아니라 사회적, 정치적 문제가 되는 것은 질병이 치명적이고 전파의 위험성과 관련된 여러 가지 문제가 사회적 이슈이기 때문이다. 더욱 문제가 되는 것은 아직도 프리온의 정체에 대한 충분한 지식이 없다는 것이다.

생물학적으로는 단백질만으로 구성된 프리온이 체내에서 단백질끼리의 반응만으로 질병 매개 물질을 만드는데, 이로 인해 치명적 병이 생기고, 다른 개체를 넘어 종이 다른 개체에까지 전파될 수 있다는 놀라운 사실을 새롭게 알려주고 있다.

프리온병의 원인인 변형 프리온은 일반적인 소독이나 멸균 과정으로는 없앨 수 없는 것이 특징이다. 다른 미생물과는 달리 방사선 조사, 유기용제, 포르말린 고정, 가열 등과 같이 핵산을 변형시키거나 파괴시키는 방법으로는 변형 프리온의 감염성을 없앨 수 없고, 요소(urea)나 구아니딘 하이드로클로라이드(guanidinium hydrochloride) 용액과 같이 단백질을 변형시키거나 파괴할 수 있는 방법으로 감염성을 줄일 수 있다.

인류에게는 해결되지 않고 있는 수많은 퇴행성 뇌질환이 있다. 프리온과 관련된 현상은 아직 해결하지 못한 이런 질환의 병리 메커니즘을 이해하는 데 도움이 될 수 있을 뿐만 아니라, 설명하지 못하고 있는 우리 몸의 여러 가지 생리적 현상을 연구하는 데에도 기여할 가능성이 있다. 또 우리가 아직까지 알고 있는 많은 프리온 질환들도 사실은 실제의 일부분일 가능성도 있는 것은 프리온 질환이 알츠하이머병을 포함한 아밀로이드 축적 질환과 관련 있음을 제시하기도 하기 때문이다.

　　　감염병과 인문학

■ 참고문헌

1. Creutzfeldt HG, "Ueber eine eigenartige herdfoermige Erkrannkung des Zentralnerensystems", Z. Gesamte Neurol Psychiatrie 57:1, 1920.

2. Jakob A, "Ueber eigenartige Erkrankungen des Zentralnervensystems mit bemerkenswertern anatomichschen Befunde", Z. Gesamte Neurol Psychiatrie 64:147, 1921.

3. Spielmeyer W, Histopathologie des Nervensystems, Berlin, Springer, 1922. 3.

4. Gadjusek DC, Gibbs CJ Jr, Alpers M, "Experimental transmission of a kuru-like syndrome to chimpanzees", Nature 209:794, 1966.

5. Prusiner SB, "Novel Proteinaceous Infectious Particles Cause Scrapie", Science 216:136~144, 1982.

6. Kim HL, Do JY, Cho HJ, Jeon YC, Park SJ, Ma HI, Song JH, Lee Y, Choi H, Choi KC, Kim YS, Zerr I, Kallenberg K, Kim YJ, "Dura Mater Graft-Associated Creutzfeldt-Jacob Disease: The First Case in Korea", J. Korean Med Sci. 26:1515~1517, 2011.

7. Gambetti P, Dong Z, Yuan J, Xiao X, et al, "A Novel human disease with abnormal prion protein sensitive to protease", Ann Neurol 63:697~708, 2008

8. 김상윤 · 정해관 · 안성수, 「사람에서 발생하는 프리온 질환들」, 『대한의사협회지 51』, 1125~1138쪽, 2008.

감염병과 인문학

© 정과리 · 이일학 외

1판 1쇄 발행 2014년 5월 30일
1판 2쇄 발행 2020년 3월 31일

지은이 정과리 · 이일학 외
펴낸이 정홍수
편집 김현숙 김정현
펴낸곳 (주)도서출판 강
출판등록 2000년 8월 9일(제2000-185호)

주소 서울시 마포구 동교로17안길 21(우 121-842)
전화 02-325-9566~7
팩시밀리 02-325-8486
전자우편 gangpub@hanmail.net

값 15,000원
ISBN 978-89-8218-191-7   03300

이 도서의 국립중앙도서관 출판시도서목록(CIP)은 e-CIP 홈페이지(http://seoji.nl.go.kr)와
국가자료공동목록시스템(http://www.nl.go.kr/kolisnet)에서 이용하실 수 있습니다.
(CIP 제어번호: CIP2014016310)

* 이 책자는 2012년도 질병관리본부 학술용역과제 『인문 · 예술 속의 감염병 실태 및 활용방안 연구』의 지원을
받아 제작되었습니다.